상한 감정의 치유

Healing for Damaged Emotions

Originally published in English under the title: Healing for Damaged Emotions
© 2015, 1981 David Seamands

Published by David C Cook,
4050 Lee Vance Drive, Colorado Springs, Colorado 80918 U.S.A.
All rights reserved.

This Korean edition© 1986, 2011, 2022 by Duranno Ministry with permission of David C. Cook.

두란노 시그니처
리커버 시리즈 3

상한 감정의 치유

지은이 | 데이빗 A. 씨맨즈
옮긴이 | 송헌복
초판 1쇄 발행 | 1986. 5. 30
개정 1판 7쇄 발행 | 2024. 3. 14
등록번호 | 제1988-000080호
등록된 곳 | 서울특별시 용산구 서빙고로65길 38
발행처 | 사단법인 두란노서원
영업부 | 02)2078-3333 FAX | 080-749-3705
출판부 | 02)2078-3330

책값은 뒤표지에 있습니다.
ISBN 978-89-531-4297-8 03230

독자의 의견을 기다립니다.
tpress@duranno.com www.duranno.com

두란노서원은 바울 사도가 3차 전도 여행 때 에베소에서 성령 받은 제자들을 따로 세워 하나님의 말씀으로 양육하던 장소입니다. 사도행전 19장 8-20절의 정신에 따라 첫째 목회자를 돕는 사역과 평신도를 훈련시키는 사역, 둘째 세계선교™와 문서선교단행본·잡지 사역, 셋째 예수문화 및 경배와 찬양 사역, 그리고 가정·상담 사역 등을 감당하고 있습니다. 1980년 12월 22일에 창립된 두란노서원은 주님 오실 때까지 이 사역들을 계속할 것입니다.

상한 감정의 치유

데이빗 A. 씨맨즈 지음
송헌복 옮김

두란노

contents

●

PART 1

해결되지 않은
상한 감정의
파괴력

—

1. 상한 감정들
육체적 병, 정서적 파괴, 불행한 가정생활로 모습을 드러내다   17

2. 죄책감, 은혜, 그리고 빚진 것 거두어들이기
하나님께 탕감받았지만, 상처 준 이들을 용서하지 못하다   45

3. 상처 입은 치유자, 예수
내 연약함을 동정하시는 대제사장이 계시다   67

PART 2

'자존감이 낮은
그리스도인'도
치유가 필요하다
—

PART 3

'완벽주의
그리스도인'도
치유가 필요하다

–

PART 4

하나님의
치유의 능력,
가장 위대한 승리
_

몇 년 전 "과거에 받은 상처들의 치유"라는 주제가 유행했을 때 한 심리학자 친구가 나에게 훌륭한 충고를 해 주었다.

"데이빗 씨맨즈의 테이프를 들어 보게. 이 주제에 관해서는 어느 누구보다도 간결하고 명료하면서도 성경적 접근을 했더군."

씨맨즈 박사는 그가 일찍이 발표했던 상처에 관한 생각들을 한 권의 책으로 펴내었다. 명료한 성경적 신학과 심리학의 튼튼한 기초 위에 일반 상식이 어우러진 실제적인 책이다. 저자는 분노와 죄의식, 우울증과 열등감, 언제나 부족함을 느끼는 감정에 억눌려 지내는 완벽주의에 관해 썼다. 그리고 또한 저자는 마음속에 없어지지 않고 남아 있는 감정적인 아픔의 핵심을 우리에게 알려 준다. 아울러 우리가 어떻게 우리의 내적 격동과 감정의 상처로부터 영원한 자유를 발견할 수 있는가를 보여 준다.

이 책은 절대적인 답도 주지 않고, 경건이라는 구실로 사람들을 책망하지도 않는다. 혼란을 주는 전문적인 용어도 사용하지 않았다. 다만 저자는 사랑과 은혜와 이해심을 바탕으로 글을 썼다. 글 전체가 밝은 유머와 실제 인물에 대한 따뜻한 일화로 엮어져 있다. 저자는 성경의 진리를 쉽게 알려 주며 동시에 내면의 문제로 찾아오는 사람들에게 사려 깊은 상담을 해 주는 목회자의 부드러운 손길을 이 책에 담았다.

나는 데이빗 씨맨즈의 여러 가지 능력들을 깊이 존경하기에 이 책에 대해서도 큰 기대감을 가지고 있다(그의 책은 기대 이상이다). 그의 책은 매우 흥미롭고 다양한 정보를 제공해 주며 여러 가지 도움을 준다. 이 책을 적극적으로 추천할 수 있는 기회가 주어진 데 대해 감사한다.

게리 콜린스 (Gary R. Collins)
미국 트리니티복음주의신학교 목회상담학 교수,
《뉴크리스천 카운슬링》 저자

복음이
깊이 침투하지 못하게 막는
상한 감정들

내가 목회를 처음 시작할 때 발견한 사실이 있다. 나는 정규적인 교회 사역을 통해 도움을 주지 못하는 두 그룹의 사람들이 있다는 것을 알게 되었다. 그들의 문제는 설교를 통해서 해결되지 않는 것들이었다. 또 교회 봉사나 성령 충만, 기도나 성례식을 통해서도 해결되지 않았다.

한 그룹의 사람들은 하나님의 능력에 대한 확신을 갖지 못했다.

그들은 열심히 기도하지만 개인적인 문제에 대한 기도의 응답을 받지 못했다. 그 사람들은 그리스도인들이 할 수 있는 모든 영적인 훈련을 시도했지만 결실을 얻지 못했다. 오래되고 망가진 음반을 틀었을 때 바늘이 한자리에서 계속 머물러 있듯이 그들의 감정은 계속 패배감을 경험하고 있었다. 그들은 외적인 믿음의 표현으로 기도를 하고 헌금을 내고 죄를 자백하는 일을 계속했다. 그럼에도 불구하고 그들은 더욱 깊은 회의와 절망 가운데로 빠져 들었다.

나는 다른 한 그룹의 사람들은 위선적인 삶을 살고 있는 것을 보았다. 그들은 마음속에 있는 감정을 억누르거나 자신들이 심각한 문제가 있다는 것을 부인했다. 그 이유는 다음과 같았다. "그리스도인들에게는 그러한 문제가 있을 수 없다고 단정합니다." 그들은 문제를 문제로 받아들이는 대신 성경 말씀이나, 신학적 용어나, 혹은 비현실적인 전문 용어로 문제를 덮어 버린다.

해결되지 않은 문제들은 그들의 생활 밑바닥에 깔리게 되어 후에 여러 가지 형태로 그 증세가 나타나게 된다. 즉, 병적 증세나 이상한 행동으로 나타나기도 하고 매우 불행한 결혼 생활을 경험하기도 한다. 때로는 자녀들에게 감정적인 상처를 주기도 한다. 이러한 것들을 경험하면서 하나님께서 나에게 보여 주신 사실이 있다. 즉 어떤 문제들은 일반적인 사역으로는 결코 도울 수 없다는 것이다.

그리고 하나님은 내 마음의 눈을 열어 나의 문제를 보게 하셨다. 내 결혼생활과 자녀들과 친구들을 통해서 상처를 보듬어 주는 새로운 차원의 깊은 사랑을 체험하게 해 주셨다. 더불어 하나님은 나의 목회 사역의 지경을 넓히셨다. 이제는 정서적으로 상처를 입은 사람들과 과거에 받은 상처가 아물지 않은 사람들을 위한 특별한 관심과 기도가 내 사역의 중요한 일부가 되었다.

나는 이러한 제목으로 20년 동안 설교와 가르침과 상담을 하게 되었고 관련 테이프도 배부하게 되었다. 그동안 나는 수천 명의 그리스도인들이 정서적 문제들로부터 해방되었다는 소식을 듣게 되었다. 그들은 자신들을 무기력하게 만들던 과거의 상처들이 치유되는 경험을 하게 되었다.

이 책을 읽는 동안 우리는 그러한 인물들을 만나게 될 것이다. 그 인물들의 태도나 감정들이 자신의 상태나 혹은 사랑하는 사람의 상태와 비슷하다는 것을 발견하게 될 것이다.

만일 여기에 나오는 인물이 실존하는 사람처럼 느껴졌다면 그것은 당연한 일이다. 이 책에 나오는 모든 사람들은 거의 다 살아 있고 그들의 허락을 받고 그들의 이야기를 썼다. 그들의 비밀을 보장하기 위해서 이름과 장소는 바꾸어 놓았다.

당신의 생활과 유사한 점이 이 책에서 나타난다면 그것은 우연이 아니다. 그것은 고의로 그렇게 느끼도록 만든 것이다. 그 이유는 우리 가운데 많은 사람이 같은 필요와 열망을 가지고 살기 때문이다.

나는 여러분이 이 책을 통해 하나님께서 어떻게 상처 난 감정들을 고치시는가를 이해하도록 돕기를 기도한다. 그리하여 문제가 있는 사람들을 온전하게 회복시키며 불구가 된 그리스도인들의 상처가 낫게 되어 다른 사람들을 도와주는 사람들로 변화하기를 기도한다.

데이빗 A. 씨맨즈 (David A. Seamands)

Healing
for
Damaged Emotions

PART 1

해결되지 않은
상한 감정의
파괴력

"우리 연약한 것을 친히 담당하시고"(마 8:17).

"이와 같이 성령도 우리의 연약함을 도우시나니 우리가 마땅히 빌 바를 알지 못하나 성령이 하나님의 뜻대로 성도를 위하여 간구하심이니라"(롬 8:26-27).

1
___

상한
감정들

육체적 병, 정서적 파괴, 불행한 가정생활로 모습을 드러내다

    1966년 어느 주일 저녁이었다. 나는 "성령과 우리의 상처 난 감정들의 치유"라는 제목으로 설교를 하게 되었다. 이 분야에 관한 설교는 이번이 처음이었는데 하나님께서 나에게 그 설교에 대한 확신을 주셨다고 믿었다. 그렇지 않았더라면 내가 감히 그러한 설교를 할 용기가 없었을 것이다. 내가 그날 저녁 설교한 내용인, 과거에 받은 상처들의 치료와 손상된 감정의 치료는 지금에 와서는 새로운 주

17

제가 아니다. 그러한 주제를 다룬 많은 책이 나와 있는 것을 보게 된다. 그러나 그 당시에는 그렇지 않았다.

설교하려고 단 위에 올라섰을 때 나의 시선은 회중 가운데 앉아 있는 연로하신 스미스 박사(Dr. Smith)에게로 향했다. 스미스 박사는 나의 소년기에 많은 영향력을 끼친 분이었다. 내가 현재 목회하고 있는 교회로 가게 되었다는 소식을 처음 들었을 때 아내와 내 마음속에는 몇몇 나이가 많으신 어른들의 모습이 떠올랐다. 그 어른들로 인해 우리 마음이 무거웠다. 스미스 박사는 그 어른들 중 한 사람이었다. 내가 어떻게 그분께 사역할 수 있을까 하고 걱정이 되었다. 내가 젊었을 때 들었던 그분의 설교는 나에게 큰 두려움을 느끼게 해 주었다. 그래서 나는 아직도 그분 앞에 서면 불안해진다.

그날 저녁 회중 가운데 앉아 있는 그분을 보았을 때 내 마음은 심히 무거웠다. 그러나 하나님께서 내게 주신 메시지를 포기하지 않고 그대로 전했다. 예배가 끝난 뒤에 많은 사람이 강단에서 아주 놀라운 기도를 하나님께 드렸다. 스미스 박사는 회중석에 그대로 앉아 있었다. 나는 강단에서 사람들과 기도를 하는 중에도 마음 한 구석에서는 그분이 자리를 일어나 주시길 구하는 기도를 하고 있었다. 하지만 그분은 끝까지 가지 않았다.

그리고 마침내 강단 위로 올라와서 아주 특별한 그분만의 무뚝뚝한 어조로 나에게 이렇게 말했다.

"자네 사무실에서 좀 만날 수 있겠나?"

그분의 뒤를 따랐을 때 내 마음속에는 과거에 그분으로부터 받은 모든 기억들이 되살아났다. 순간 내가 겁에 질린 작은 소년처럼 느껴졌다. 사무실에 앉으면서 나는 마치 모세가 시내 산의 불과 연기 앞에 섰던 것과 같은 기분을 느꼈다. 그러나 나는 그분에 대해서 잘못된 편견을 가지고 있었다. 그분도 변화할 수 있다는 것을 모르고 있었던 것이다. 오히려 그분은 으레 그러한 사람이려니 생각하고 그분이 성장하는 것을 내 편에서 허용하지 않았다. 스미스 박사는 나에게 매우 친절하게 이렇게 말했다.

"내가 자네에게 할 말이 있다네. 오늘 같은 설교는 처음 들어보는군."

그의 눈에는 눈물이 고였다. 수천 명을 그리스도께로 인도한 뛰어난 전도자와 설교가로서 수년 간 일하신 분의 눈물이었다. 참으로 위대한 분이 자신의 사역을 돌아보면서 이렇게 말하는 것이었다.

"여보게, 내게는 결코 나의 도움을 받을 수 없던 사람들이 있었다네. 아주 신실한 사람들이었지. 그중 많은 사람은 성령 충만을 경험한 사람들이었어. 그러나 그들의 문제는 해결되지 않았다네. 내게 문제를 가져오면 나는 도와주려고 애를 썼지. 그러나 아무리 충고를 하고 성경 말씀과 기도로 도우려 해도 그들은 자신의 문제로부터 완전히 해방되지 못하더군."

그는 계속해서 말했다.

"나는 언제나 내 사역에 대해서 죄책감을 갖고 있었다네. 그러나 이제 자네가 내가 못한 것을 하기 시작한 기분이라네. 그 분야를 잘 연구하고 계발하게나. 계속 그 제목을 가지고 설교를 하게. 자네가 발견한 사실이 문제가 있는 사람들에게 줄 수 있는 해답이라고 나는 믿네."

이야기를 마치고 그분이 일어섰을 때, "고맙습니다"라고 말하는 내 눈에는 눈물이 고였다. 무엇보다도 마음 깊은 곳으로부터 '하나님, 감사합니다. 당신이 이 사랑스러운 분을 통해서 저에게 오늘 선포한 말씀에 대한 긍정적인 확인을 주셨군요'라고 말할 수 있었다.

우리 안의 '연약함'

나의 15년간의 사역을 통해서 세계 전역에 테이프가 배부되었다. 그 결과 편지도 받게 되었고 간증도 듣게 되었다. 이를 통해서 내가 확신할 수 있었던 것은 사람들이 가지고 있는 문제 가운데는 더 깊은 차원에서 경험해야 할 성령님의 고치심과 특별한 기도가 필요하다는 사실이다. 우리의 죄와 병든 것 사이 어디엔가 성경이 말하는 '연약한 부분'으로 간주되는 곳이 있다.

우리는 이것을 자연을 통해 나타나는 예화로써 설명할 수 있다. 극서(極西)쪽 지방을 방문하는 사람이라면 누구나 아름다운 세쿼이아들을 보게 된다. 그곳의 공원에 방문하게 된다면 식물학자들이 큰 나무를 잘라 낸 절단면(切斷面)을 보여 준다. 그리고는 해마다 나무의 성장을 기록한 나이테를 다음과 같이 가리킨다.

"여기 이 테는 아주 가물었을 때를 표시합니다. 여기 이 테는 번개에 맞았을 때이고, 이것들은 정상적으로 성장한 표시입니다. 이 테는 숲속에 불이 나서 나무가 거의 죽게 되었을 때이고, 이쪽은 사나운 병충해와 질병이 유행했을 때입니다." 이 모든 것이 나무의 심층부에 박혀졌고 나무의 성장 과정이 기록된 자서전으로 남아 있다.

이것은 우리의 경우도 마찬가지이다. 가면을 쓴 것처럼 잘 감추어진 우리의 외적 모습 속 내면에 인생의 나이테가 기록되어 있다. 거기에는 오래된 아픈 상처가 남아 있다. 한 어린 소년은 크리스마스 새벽에 자신의 선물을 넣는 양말 속에 선물 대신 더러운 돌이 들어 있는 것을 발견했다. 그 소년은 자신의 잘못에 대한 벌로 주어졌다고 생각했다. 그것은 어린 소년의 마음에 큰 상처를 남겼고, 그 결과 나이가 들어서도 그는 대인관계에 있어서 여러 가지 어려움을 겪었다. 또 여기 인생 전체를 짓밟아 버린 비극적인 자국으로 변색된 기록도 있다. 수년 전 오빠가 나이 어린 여동생에게 저지른 행동이다. 잘못 사용된 성(性)이 초래한 불행이다. 사람들의 눈을 피한 은밀한 곳에서 벌어졌던 불행한 사건이 있다.

또 다른 마음속에 억눌려져 있던 기억을 찾아볼 수도 있다. 어머니를 죽이려고 칼을 집으러 가는 알코올 중독자 아버지 뒤를 좇아간 기억이 남아 있다. 그때의 가슴 아픈 상처는 오랫동안 마음속에 파묻혀 있다. 이것이야말로 표현할 수 없는 고통과 분노를 우발시키는 원인이 된다. 그리고 이러한 상처들은 구원이나 성결케 되는 체험 혹은 기도의 효력으로써 해결되는 것이 아니다.

우리의 생각과 감정의 나이테 속에 기록이 남게 된다. 모든 기억이 생생하게 기록으로 남아 있다. 그리고 그 기록들은 우리의 사고와 감정과 대인관계의 영역 속에 직접적이면서도 깊게 영향력을 미친다. 그 영향력은 인생이나 하나님을 향한 우리의 태도, 다른 사람이나 자신을 보는 태도에 나타나게 한다.

설교자들은 종종 사람들에게 잘못된 생각을 심어 준다. 즉 새생명을 얻게 되거나 성령 충만하게 되면 이러한 정서적인 문제들이 자동적으로 해결된다고 말하는 것이다. 사실은 그렇지 않다. 예수 그리스도를 만나는 극적인 경험이 아주 귀중하고 영원한 가치가 있는 것은 사실이지만 정서적으로 입은 상처가 곧장 낫게 되는 것은 아니다. 인격에 손상을 받은 정서적인 문제들은 빨리 낫지 않는다.

무엇보다도 먼저 이러한 문제들에 관해 제대로 이해하는 것이 필요하다. 그리하여 스스로 자신을 학대하지 않고 오직 성령님께서 특별한 방법으로 우리의 상처들과 혼동된 상태들을 고치실 수 있도록 맡겨야 한다. 또한 이러한 상처의 문제를 이해할 때 다른 사람들을 날카롭게 비난하지 않게 된다. 오히려 오래 참음으로 다른 사람들의 잘못된 행동을 이해하게 된다. 그렇게 함으로써 우리는 다른 그리스도인들을 부당하게 비난하고 판단하지 않게 된다. 그 사람들은 가짜 그리스도인이나 위선자가 아니다. 우리와 같은 사람들일 뿐이다. 다만 그들의 행동이 지금 올바로 나타나지 않는 것은 과거에 받은 상처와 잘못 형성된 사고가 그 원인으로 남아 있기 때문이다.

구원이 우리의 정서적인 문제들을 즉시 해결해 주지 않는다는 것을 이해한다면 우리는 성화의 교리에 대해 귀중한 교훈을 얻을 수 있다. 한 그리스도인이 성화되어 가는 과정에서 단순히 외적으로 나타난 행위만으로는 결코 그 사람의 상태를 알 수 없다.

그들의 열매로 그들을 알게 된다는 마태복음 7장 16절의 말씀은 진리이다. 그러나 그들의 뿌리를 보고 그들을 이해하고, 그들을 판단하지 말아야 하는 것도 사실이다. 여기 존(John)이라는 사람이 있는데 이 사람은 빌(Bill)이라는 사람보다 훨씬 더 영적이고 책임감이 있었다. 그러나 존의 뿌리를 따져 보았을 때 그가 빌보다 더 좋은 토질에서 성장했다면 현재에 이른 빌이 더 성화를 거쳤다고 봐야 할 수도 있다. 예수 그리스도의 형상을 따라 변화되는 과정에 있어서 빌은 존보다 훨씬 앞섰을지도 모른다. 사람들을 겉모습으로 판단하는 일이 얼마나 잘못된 것이며 비기독교적인 것인가! 혹자는 이렇게 반문할지도 모른다.

"어떻게 된 거죠? 이는 기준을 낮추려는 것이 아닙니까? 우리의 문제들을 고쳐 주는 성령님의 능력을 부인하는 것이 아닙니까? 우리의 책임을 회피하려는 핑곗거리를 주려고 하십니까? 그래서 우리가 패배하고 실패하는 이유가 유전적인 요소나 부모, 선생님, 친구, 남편, 아내들의 잘못 때문이라고 말하는 겁니까? 다시 말해서 사도 바울이 말씀하신 대로 은혜를 더하게 하려고 죄에 거하게 하려는 것(롬 6:1)입니까?"

나는 사도 바울이 그 질문에 대한 답을 한 것과 같은 답을 주고 싶다. "그럴 수 없느니라!" 내가 말하고자 하는 것은 다만 우리 생애의 어떤 부분은 성령님의 특별한 치료가 필요하다는 점이다. 그 이유는 그 문제들이 정상적인 기도와 훈련 또는 의지로써는 해결되지 않기 때문이다. 그러한 어려움이 있는 사람에게는 특별한 이해가 필요하며 과거에 잘못 형성된 그들의 사고로부터 벗어나야 한다. 그리고 결국에 새롭게 변화를 받아 다시 그의 사고가 형성되어야 할 필요가 있다. 이것은 기적적인 경험을 함으로 하룻밤 사이에 이루어지는 것이 아니다.

양극단

다음과 같은 사실을 이해함으로써 양극단에 빠지는 오류를 방지할 수 있다. 어떤 그리스도인들은 무엇이든지 꿈틀거리는 것은 마귀라고 본다. 성숙하지 않은 젊은 그리스도인들에게 부드럽게 그리나 단호하게 할 말이 있다. 수세기를 지나오는 동안 교회는 어떤 사람이 귀신들렸다고 함부로 말하지 않았다. 물론 그러한 경우가 없는 것은 아니다. 내가 여러 해 사역하는 동안 어떤 경우에는 마귀의 세력을 예수 그리스도의 이름으로 내쫓아야 할 때가 있었다. 그리고 마귀의 세력으로부터 해방되어 고침을 받는 사람을 본 적도 있다.

그러나 귀신을 몰아내는 일은, 성숙하고 성령에 충만한 그리스도인이 기도를 많이 한 후 조심스럽게 시도해야만 한다. 나는 상담실에서 완전히 와해되고 상한 심령들을 고쳐 주는 데 많은 시간을 보낸다. 왜냐하면 성숙하지 못한 그리스도인들이 그 사람들에게서 가상의 귀신을 쫓으려고 시도했기 때문이다.

이와 반대로 너무 쉬운 해답을 주는 또 다른 극단적인 태도가 있다. 즉, 문제가 있는 사람들에게 이렇게 말한다. "성경을 읽고 기도를 하세요. 믿음을 좀 가지세요. 영적으로 충만하면 아무런 문제가 없습니다. 절대로 우울증에 걸리지 않아요. 성적인 충동이나 문제도 전혀 없게 되지요."

그러나 사실상 위에서 말하는 두 가지 견해 모두 매우 심각한 문제를 야기시킬 수 있다. 그러한 사람들의 시도는 마음에 아픔이 있는 사람에게는 더 부담을 갖게 할 뿐이다. 그 결과 정서적인 깊은 상처가 있는 사람의 문제를 잘못 다루게 된다. 문제가 있는 사람은 자신의 문제에 대해서 이미 죄의식을 가지고 있다. 그러한 사람에게 문제를 가지고 있는 것에 대한 책임을 느끼게 함으로 죄의식과 실망하는 마음을 더욱 가중시켜 준다.

아마 여러분은 저녁 식사가 나오는 비행기를 타고 여행한 사람에 대해서 들은 적이 있을 것이다. 그 사람이 잘 포장된 음식을 열었을 때 샐러드 위에 큰 바퀴벌레가 기어가고 있는 것을 발견했다. 그 사람은 집에 돌아와서 분한 마음으로 항공사 대표에게 편지를 썼다. 며칠 후 항공사 대표로부터 속달로 배달된 편지를 받았다. 편지 내용은 처음부터 끝까지 사과하는 내용이었다.

"참 이상하군요, 그렇지만 걱정하지 마세요. 선생님이 탔던 비행기를 완전히 소독했음을 알려 드리고 싶습니다. 의자와 그 속을 모두 뜯어냈지요. 그리고 그날 선생님에게 음식을 전해 준 승무원은 징계를 받았고 아마 해고될지도 몰라요. 아마 그 비행기 자체가 운행 정지될 가능성이 큽니다. 이런 일이 다시는, 절대로 없을 것이라고 말씀드리고 싶습니다. 그리고 선생님이 저희 비행기를 계속 이용해 주셨으면 합니다."

그 사람은 그 편지를 매우 감명 깊게 읽었는데 그 후 한 가지 발견한 사실이 있었다. 편지를 살펴보니 실수에 의해서, 그 편지 뒤에 그 회사 대표가 다음과 같이 쓴 메모가 적혀 있었다.

"바퀴벌레 문제에 관한 일반적인 사과문으로 답장하시오."

우리는 종종 정서적인 문제로 갈등하는 사람들에게 정해진 문장으로 된 바퀴벌레 사과문처럼 대답해 주는 경우가 많다. 우리가 그들에게 가볍고 너무 쉬운 해답을 줌으로써 그들을 더 깊은 실망과 와해의 구렁텅이로 몰아넣게 된다.

가치 부정

이러한 상처 난 감정이란 무엇인가? 가장 공통된 감정 중의 하나는 자신의 가치를 인정하지 못하는 것이다. 즉, 계속적인 근심을 안고 있으며 자신을 부적합하게 여기며 열등감을 가지고 "나는 좋지 못해"라고 자신에게 늘 말하는 사람이다.

"나는 어떤 것도 할 수가 없어. 아무도 나를 사랑하지 않아. 내가 손대는 것마다 다 잘못되었거든."

이런 사람이 그리스도인이 될 때 어떤 변화가 생기는가? 그의 마음 한구석으로는 하나님이 자신을 사랑한다는 사실을 믿으며 하나님의 용서를 받아들이고 얼마 동안 마음속에 평안을 체험하게 된다. 그런데 갑자기 그 마음속에 있는 모든 것이 용솟음쳐 올라 부르짖는다. "그것은 거짓말이다. 믿지 마라! 기도하지 마라! 네 기도를 들어 주시는 분은 위에 없어. 아무도 너를 진정으로 사랑하지 않아. 네 근심을 덜어 줄 사람도 없어. 어떻게 하나님이 너를 사랑하고 너 같은 사람을 용서하실 수 있어? 너는 아주 나쁜 사람인데!"

어떤 일이 생겼는가? 복음의 기쁜 소식은 손상된 그의 내적 자아 속으로 깊이 침투하지 못했다. 그 깊은 부분도 역시 복음에 의해 변화되어야만 한다. 그의 깊은 내적 상처를 만져서 길르앗의 향유로 치료해야만 한다.

또 다른 어떤 사람들은 좀 나은 용어를 빌리자면 "완벽주의자 콤플렉스"(perfectionist complex)에 빠져 있다. 이 사람은 "나는 절대 제대로 성취할 수 없어. 나는 절대로 어떤 것을 만족할 만큼 잘하지 못해. 나는 나 자신이나, 다른 사람이나 또는 하나님을 기쁘시게 할 수 없어"라고 말하는 내적 감정을 가졌다. 이러한 부류의 사람은 항상 무언가를 찾아다니고 애쓰지만 죄의식을 느끼며 필요 이상으로 무엇인가를 해야 한다는 의식 속에 빠져 있다.

"나는 이것을 할 수 있어야 하는데. 나는 저것을 할 수 있어야 하는데. 내가 좀 더 잘 해야 하는데…." 그는 계속 올라가지만 결코 목표까지 도달하지 못한다.

이러한 사람이 그리스도인이 되면 그에게 어떤 일이 생기는가? 불행하게도 그는 자신의 완벽주의적 기질을 하나님과의 관계에 그대로 적용시킨다. 이제 하나님은 높은 사다리 꼭대기 위에서 자신을 지켜보는 존재이다. "내가 지금 하나님께로 올라갑니다. 나는 하나님의 자녀이고 나는 그 무엇보다도 하나님을 더 기쁘시게 하길 원합니다."

그리하여 그는 이제 사다리를 올라가기 시작한다. 한 계단 한 계단 열심히 일하며 올라간다. 마침내 무릎에서 피가 나고 다리에 상처를 입게 되었다. 결국 마지막 꼭대기까지 올라갔지만 하나님은 거기 계시지 않고 세 계단 위로 올라가셨다. 그래서 그는 옷깃을 다시 여미고 좀 더 열심히 노력하기로 마음먹었다. 그가 수고해서 열심히 올라가 보았지만 하나님은 또 거기 계시지 않고 세 계단 위로 옮겨 가셨다.

몇 년 전에 나는 친구 목사 빌의 아내로부터 전화를 받았다. 그 부인은 정신병으로 고생하는 자신의 남편을 상담해 줄 것을 나에게 요청했다. 우리가 병원을 향해 운전해 가고 있는 동안 그 여인은 자기 남편에 대해 말했다.

"나는 그를 이해할 수가 없어요. 그는 마음속에 자신을 노예처럼 부리려는 생각이 꽉 차 있는 것 같아요. 휴식도 취하지 않고 일을 내려놓으려고도 하지 않아요. 이렇게 계속 계속 몇 년을 지탱하다가 결국은 완전히 부서지고 말았어요."

나는 빌을 자주 만나기 시작했다. 그가 말을 할 수 있을 정도로 회복되었을 때 그는 자신의 유년 시절과 가정에 대해서 이야기했다.

빌은 성장해 가면서 부모님을 기쁘게 해 드리고 싶은 마음이 많았다. 그는 어머니의 인정을 받고 싶어서 때때로 어머니의 식사 준비를 자주 도왔다. 그러나 어머니는 이렇게 말씀하셨다. "빌, 칼을 잘못 놨구나." 그래서 그는 칼을 제자리에 갖다 놓았다. 그러면 어머니는 "이제는 포크가 잘못 놓였구나"라고 말했다. 그 다음에는 샐러드 접시가 잘못되었다고 하셨다. 빌은 결코 어머니를 기쁘게 할 수 없었다.

　그가 아무리 노력해도 그의 아버지 역시 만족시켜 드릴 수가 없었다. 그는 B학점과 C학점을 받은 성적표를 가지고 집으로 돌아왔다. 아버지가 성적표를 보시더니, "빌, 좀 더 노력하면 모두 B학점을 받을 수 있지 않겠니?"라고 말했다. 그래서 그는 더 열심히 공부해서 마침내 모두 B학점을 받아 집에 돌아왔다. 아버지가 말씀하시기를 "정말 네가 조금만 더 노력을 한다면 너는 모두 A학점을 받을 수 있을 것 같구나." 그래서 그는 더 열심히 공부하고 노력해서 마침내 모두 A학점을 받았다. 그는 너무나 기뻤다. 이제 아버지가 만족하실 것이라고 생각했다. 그 기쁨을 참지 못해서 집으로 빨리 뛰어갔다. 하지만 아버지는 성적표를 들여다보면서 이렇게 말씀하셨다. "글쎄, 그 선생들은 말이야, 항상 학생들에게 A학점만 주는 선생들이거든."

　빌이 목사가 되었을 때, 그는 과거에 자기 부모에게 행동했듯이 수백 명의 교인들을 대했다. 그는 부모님을 만족시키지 못한 것처럼 교인들의 마음을 기쁘게 해 줄 수가 없었다. 무엇을 하든지 교인들을 만족시킬 수 없었다. 마침내 그는 교인들에게 인정을 받으려고 안간힘을 쓰고 자신이 옳다는 것을 증명하려고 노력했다. 그리고 그 부담이 너무 크고 무거워서 그 밑에 완전히 눌려 버리고 말았다. 그리고 마침내 스스로 무너지기까지 이르렀던 것이다.

　하나님이 죽었다고 주장하는 한 유명한 신학자가 기자와 인터뷰를

했다. 기자가 묻기를 "당신이 말하는 하나님의 의미는 무엇입니까?"

"하나님이요? 나에게 하나님이란 내 속에 항상 이렇게 말하는 작은 음성이지요. '아직도 부족해.'"

그는 하나님에 대해서 하나님이 어떤 분이신가를 말하기보다는 자신의 손상된 인격에 대해서 더 많이 이야기했다. 그렇게 병들어 있는 사람들에게로부터 잘못된 신학이 나온다. 지나친 완벽주의자 콤플렉스 때문에 그리스도를 믿고 신앙생활을 하는 사람이 얼마나 많은 패배감을 경험하는가! 그리고 그 패배감이 심지어는 사람들을 하나님 나라 밖으로 내쫓아 버리기까지 하는가!

이제 여기에 지나친 예민함(supersensitivity)이라고 불리는 또 하나의 손상된 감정이 있다. 지나치게 예민한 사람은 항상 깊은 상처를 받는다. 그러한 사람은 다른 사람으로부터 사랑을 받고 인정을 받고 싶어하지만, 오히려 그와 반대되는 경험을 하며 그 결과 마음속 깊은 곳에 상처를 받게 된다. 그러한 사람은 종종 다른 사람이 보지 못하는 것들을 보며, 다른 사람이 느끼지 못하는 것들을 느낀다.

어느 날 내가 길을 걷고 있는데 지나치게 예민한 찰리가 내게로 오는 것을 보았다. 나는 늘 그에게 많은 관심을 가지고 대했는데, 그 날 아침은 너무 바빠서 "여보게 찰리, 잘 지내나?"란 말밖에는 못하고 지나쳐 버렸다. 내가 사무실로 다시 돌아왔을 때 한 교인으로부터 전화가 왔다.

"목사님, 찰리에게 화를 내셨어요?"

"찰리? 누구 말인가요"

"네, 찰리 올슨(Charlie Olson) 말이에요."

"왜 그러세요? 그에게 화낸 일이 없는데요. 오늘 아침 길에서 만났지요."

그런 다음 나는 찰리를 만났을 때 그에게 칭찬과 격려의 말을 하지 않고 지나친 것이 생각났다. 그가 지나치게 예민한 사람이라는 것을 알기 때문에 나는 그에게 항상 특별한 관심을 가지고 대했었다.

너무 지나치게 예민한 나머지 축구 경기에 가는 것을 중단해야만 했던 사람에 대해서 들어본 적이 있을 것이다. 그 사람은 팀의 선수들이 어렵게 될 때마다 사람들이 자신에게 뭐라고 하는 것처럼 생각했다.

지나치게 예민한 사람들은 다른 사람에게 자신을 인정해 줄 것을 요구한다. 칭찬과 인정은 늘 충분하지 못하다. 어떤 때는 겉으로 보기에 아주 예민하지 않은 것처럼 보인다. 그 마음속에 깊은 상처가 있기 때문에 예민함 대신 강인한 태도로 바꾸어 마음속에 상처를 감추려고 한다. 또한 자신이 받은 상처를 무마시키기 위해서 다른 사람에게 상처를 준다. 그들은 자신이 알지 못하는 가운데 주위 사람들을 밀치거나 상처를 주거나 지배하면서 인생을 사는 사람들이다. 돈이나 권력, 지위 혹은 성(性), 심지어는 설교를 사용해서 사람들에게 상처를 준다. 그렇다면 이 모든 것이 그리스도인의 생활에 영향을 주는가? 그렇다. 매우 깊은 영향을 준다!

그리고 다음에는 두려움으로 가득 찬 사람들이 있다. 아마 그 중에서 가장 큰 두려움은 '실패'에 대한 두려움일 것이다. 이러한 부류의 상처 입은 감정을 지니고 있는 사람들은 인생의 경주에서 실패할까 봐 두려운 나머지 돌파구를 찾게 된다. 경주에 절대로 나가지 않고 옆자리에 앉아만 있다. 그리고는 이렇게 말한다. "나는 규칙이 맘에 안 들어", "나는 심판이 별로야", "공이 둥글지가 않아", "골대가 삐뚤어졌어" 등의 말을 한다.

나는 몇 년 전 중고차 매매를 위해 어떤 중개인과 이야기를 나눈 기억이 난다. 대화 도중에 창밖을 내다보니 타이어를 발로 차고 다니는 사람이 보였다. 그 사람은 차 덮개를 열어 보기도 하고 차를 두드려 보기도 했다. 자동차 판매 중개인은 아주 불쾌하다는 듯이 말했다.

"저기 밖에 있는 남자 좀 보세요. 저 사람은 자동차 바퀴를 차는 사람이지요. 골칫거리예요. 여기 늘 오지만 차는 절대로 사지 못하지요. 결정을 못 내리거든요. 지금도 자동차 타이어를 발로 차고 있지요. 자동차 바퀴가 똑바르지 않다고 말하지요. 자동차 엔진 소리를 들어 보고는 이상한 소리가 난다고 해요. 다들 괜찮다는데 그 사람 귀에는 들리나 봐요. 무엇인가 항상 잘못되었다고 하지요. 저 사람은 선택하는 것을 두려워해요. 마음에 결정을 못 내리니까 항상 핑곗거리를 찾는 거지요."

이 세상에는 위에서 본 '자동차 바퀴를 차는 사람'과 같은 사람이 많다. 그들은 실패를 두려워하며 잘못된 결정을 할까 봐 두려워한다. 그러한 사람들이 그리스도인이 된다면 어떠할까? 믿음이란 커다란 모험이다. 쉬운 일이 아니다. 결정을 하기가 어렵고, 믿음을 굳게 가질 수 없고, 전도하는 일도 어렵다. 성령님의 인도에 따라 삶을 시작하며 하나님께 온전히 드리는 삶이란 거의 충격에 가까운 경험이다. 훈련된 생활도 하기 어렵다. 두려움이 많은 사람은 '만약 이렇게만 되었더라면'이라는 생각 가운데 산다. '만약 이렇게만 되었으면' 혹은 '만약 저렇게만 되었으면 모든 것이 잘되었을 텐데.' 그러나 '만약 이렇게만 되었더라면'이라는 생각은 절대로 이루어지지 않는 것이기 때문에 그러한 생각에 사로잡혀 있는 사람들은 자기가 원하는 것들을 결코 성취할 수가 없다. 두려움이 많은 사람은 패배를 경험하는 사람들이며 우유부단한 사람들이다.

성(性)에 관한 전반적인 문제는 위에서 언급한 모든 종류의 사람들의 문제 속에 뒤섞여 연결되어 있다. 하지만 이에 관해 특별히 따로 언급할 필요가 있다.

사도 바울이 고린도전서를 썼을 때 그는 사람들이 상상할 수 있는 모든 문제를 다루었다. 심지어는 상상할 수 없을 만한 문제까지도 다루었다. 그는 분쟁에 관한 문제, 분리하는 문제, 소송의 문제, 재산권 다툼의 문제, 그리고 근친상간에서부터 매춘에 이르기까지 여러 가지 종류의 성에 관한 문제들을 다루었다. 그는 혼전관계, 결혼관계, 그리고 이혼관계에 관해서도 언급했다. 이어서 과부에 관해서, 이혼에 관해서, 음식을 먹는 것에 관해서, 성만찬에서 술 취하는 것에 관해서, 방언에 관해서, 죽음과 장례식에 관해서, 헌금을 거두는 일에 관해서, 그리고 교회 내에서 분당을 만드는 것에 대해 썼다.

그럼에도 불구하고 사도 바울은 이 서신서 서두에서 예수 그리스도와 그의 십자가에 못 박히신 것"외에는 아무것도 알지 아니하기로 작정하였다고 말하고 있다(고전 2:2). 이런 사실로 미루어 볼 때 우리의 복음은 가장 실제적이며, 바로 우리의 생활에 관한 문제를 다루고 있음을 알 수 있다.

바울 서신 중 여러 곳에서 성에 관한 문제가 다루어졌다. 미국인들은 무절제와 외설 그리고 선정적인 것들이 팽창한 가운데서 자라왔기 때문에 현대판 고린도에 살고 있는 격이다. 이러한 사회 속에 살면서 한 사람이 성장해서 어른이 되기까지, 그의 인격의 한 부분인 성에 관한 문제로 상처를 받는 경우는 허다하다.

나는 도움을 요청하러 찾아온 많은 사람을 기억하고 있다. 어떤 여자들은 내가 여러 장소에서 말씀을 전할 때 들은 후에 나를 만나기 위해서 2,000킬로미터를 운전해 왔다. 어떤 한 남자는 나를 만나기 위해서 대단한 용기가 필요했다고 했다. 그는 교회 주위를 11번이나 빙글빙글 돌다가 결국 나의 사무실을 찾을 수 있었다고 했다. 두 사람 다 순수한 그리스도인이었는데 동성애의 문제로 고민하고 있었다.

언젠가 멀리 떨어져 있는 대학교에 재학 중인 젊은 여자를 기억한다. 나는 지금까지 그녀의 얼굴을 알지 못한다. 내가 그녀를 만났을 때 그녀는 내게 등을 돌린 채 코트 깃을 얼굴 위로 올리고 구석에 앉아서 훌쩍거리고 있었기 때문이었다. 마침내 그녀는 말했다. "내가 이것을 누구에게 이야기하지 않으면 폭발할 것 같은 기분입니다." 그리고는 여전히 구석을 향해 앉은 채로 아버지가 자신을 딸이 아닌 아내로서 취급해 왔다는 슬픈 이야기를 했다. 우리는 요즈음 이러한 이야기를 점점 더 많이 듣는 시대에 살고 있다.

나는 부모들이나 설교자들이 수많은 젊은 청년에게 좋은 의도에서이지만 무지하게도, 잘못되고 해로운 생각들을 주입시켰다고 생각한다. 그들은 이제 결혼에 대한 자신감을 잃어버렸다. 두려움과 죄의식과 수치감 때문에 일반적인 모습의 남편과 아내가 될 수 없다고 생각한다. 과연 그들의 감정은 상처를 입었을까? 그렇다. 아주 심한 상처를 입었다.

복음은 이러한 여러 가지 종류의 정서적 상처를 경험하고 있는 사람들에게 줄 메시지를 가지고 있는가? 그들 모두를 고칠 수 있다고 말해 주지 못한다면 우리는 교회 문에 자물쇠를 걸어 잠가야 한다. 기독교는 더 이상 존재할 가치가 없으며, 우리가 외치는 '복음'도 더 이상 외칠 필요가 없다.

하나님이 고치신다

하나님이 우리의 상처를 고치시는가? 그렇다. 하나님은 고치신다. 사도 바울은 '우리의 연약함을 도우시는' 성령님에 관해 로마에 있는 그리스도인들에게 편지를 썼다(롬 8:26). 현대어 성경들은 '연약함'이란 단어 대신에 '약함' 혹은 '불구'라는 단어를 사용했다. '돕다'라는 단어의 한 가지 뜻은 의학적인 의미를 내포하고 있는데, 고침을 받는 과정에서 간호사가 환자를 돌보아 준다는 의미이다. 그래서 이 말은 단순히 문자 그대로의 의미인 '다른 한 쪽에서 붙들어 준다'라는 뜻만 있는 것이 아니다. 성령님께서 우리의 동반자 및 상담자가 되셔서 우리의 연약함을 고치시기 위해서 우리와 이 일에 동참하신다는 뜻이다.

그러면 우리의 상처 난 감정들을 고치기 위해서 우리가 해야 할 부분은 무엇인가? 거룩하신 상담자가 되시며, 거룩하신 의사이신 성령님께서 다른 한 쪽에서 우리의 문제를 붙잡고 계신 것은 틀림없는 사실이다. 그러나 반대편에서 내가 문제를 잡고 있다. 그러면 이러한 치료 과정에서 우리는 무엇을 해야 하는가?

이것이 이 책을 쓰게 된 목적이고, 이 책을 더 읽어 감에 따라 우리에게 많은 제안이 주어지게 된 이유이다. 그러나 여기에서는 일반적인 성경적 원리를 먼저 말하고자 한다. 이 원리들은 손상된 감정을 치료받기 위한 사람이라면 누구나 따라야 할 원리들이다.

문제를 마주하라

정직한 마음으로, 하나님의 은혜를 힘입어, 기억하기조차 싫은 어린 시절의 경험과 대면하라. 그것이 마음속에 아무리 깊게 숨겨져 있어도 상관없다. 당신이 먼저 그것을 시인하고 다른 사람에게도 알게 하라. 어떤 문제는 다른 사람에게 자백하기 전까지는 해결되지 않는다. "너희 죄를 서로 고백하며 병이 낫기를 위하여 서로 기도하라"(약 5:16). 어떤 사람들은 자신의 문제를 다른 사람과 깊이 나눌 수 있는 용기가 없기 때문에 마음의 치료를 경험하지 못한다.

어떤 문제든지 자신에게 책임이 있다는 것을 인정하라

아마 이렇게 말할지 모른다. "그 사람이 나에게 죄를 짓게 했지요. 나는 희생자에요. 내게 무슨 일이 벌어졌는지 당신은 모르시지요."

이 말들이 사실일지 모른다. 그러나 당신의 반응은 어떠했는가? 미워하고, 원망하고, 비현실의 세계로 도피했던 사실은 없는가?

아마 이렇게 말할지 모르겠다. "나의 가족은 성에 대해 전혀 말해 주지 않았어요. 내가 성장한 후 이렇게 악한 세상에 순진하고 무지한 상태로 살다 보니 문제 가운데 빠질 수밖에 없었지요."

첫 번째는 그렇게 해서 실수했다고 가정하자. 두 번째 세 번째는 어떠한가? 그것은 누구의 책임이란 말인가? 인생은 마치 베틀로 짜여진 복잡한 무늬가 있는 비단과 같다. 유전적 요소, 환경적 요소,

어린 시절의 경험, 부모로부터 받은 영향, 선생님으로부터 받은 영향, 친구로부터 받은 영향, 인생에 있어서의 모든 장애물, 이 모두가 베틀의 씨줄이 되고 그 위를 우리는 날줄로서 왔다갔다 하는 것이다. 이렇게 베틀이 왔다갔다 하면서 우리의 반응에 따라서 인생이라는 비단의 구조가 짜여지게 된다. 우리는 행동에 대해 책임이 있다. 당신이 다른 사람을 비난하는 것을 그치고 자신의 책임을 시인하기 전까지는 손상된 감정을 절대로 치료받지 못할 것이다.

진정 고침을 받고 싶은가

예수님께서는 38년 간 누워 있던 병자에게 이렇게 물으셨다(요 5:6). "네가 진정으로 낫기를 원하느냐, 혹시 네 문제를 그저 이야기하고 싶은 것은 아니냐?" 당신의 문제를 다른 사람으로부터 동정을 받는 수단으로 사용하고 있지 않은가? 당신은 그 문제를 절름발이의 지팡이로써 사용하길 원하고 있지 않은가? 그리하여 절름발이 노릇을 쉽게 할 수 있도록 말이다.

38년 된 앉은뱅이는 예수님께 이렇게 말했다. "그러나 주여, 아무도 나를 물에 넣어 줄 사람이 없어 내가 가는 동안에 다른 사람이 먼저 내려가나이다." 그는 자신이 진정으로 병 낫기를 원하는지 그의 마음속 깊은 곳을 들여다보려고 하지 않았다.

우리가 사는 현시대에는 자기 문제를 다른 사람에게 전가하는 사람이 많다. 자신이 책임을 지려고 하지 않고 그 책임을 다른 사람에게 넘기려 한다. 나는 대학생들과 오랫동안 함께 일하면서 가끔 이러한 생각을 했다. 학사 학위(B.A.)를 받은 사람은 알리바이(변명)를 만드는 사람(Builder of Alibis)이라는 뜻이 아닌가 하는 의문이 날 때가 있다. 자신에게 스스로 물어 보라. "내가 진정으로 고침을 받기 원하는가? 책임을 회피하지 않고 나의 문제를 직시할 용의가 있는가?"

선 용서, 후 고침

자신이 책임을 진다는 것과 다른 사람을 용서한다는 것은 동전의 양면과 같다. 많은 사람이 다른 사람을 절대로 용서할 수 없는 이유가 있다. 만약 그들이 누구를 용서한다면 문제에 대한 책임을 전가할 대상이 없어지기 때문이다. 38년 된 병자처럼 깔고 있던 자리를 뺏기기 싫어할지도 모른다. 책임을 스스로 지는 것과 용서하는 것은 거의 같은 행동을 취하는 것이다. 따라서 어떤 경우에도 두 가지를 동시에 해야 한다. 예수님께서도 우리가 진정으로 용서하기 전에는 고침을 받을 수 없다는 사실을 분명히 말씀하셨다.

먼저 자신을 용서하라

많은 그리스도인이 이렇게 말한다. "하나님이 저를 용서하셨지요. 그런데 나는 절대로 나 자신을 용서할 수 없어요." 이 말에는 모순이 있다. 스스로를 용서하지 않았는데 어떻게 하나님이 자기를 용서했다는 것을 진심으로 믿을 수 있는가? 하나님은 우리의 죄를 깊은 바다에 던지시고 다시는 기억하지 않으신다. 코리 텐 붐(Corrie Ten Boom) 여사가 말한 것처럼 "하나님은 우리의 죄를 바다 깊은 곳에 던지시고 강둑에다 '낚시 금지'라는 팻말을 꽂아 놓으신다." 하나님이 용서해 주시고 잊어버린 것을 우리가 다시 물 밑으로부터 끄집어 낼 권한이 없다. 하나님은 우리의 죄를 그분의 등 뒤로 옮기셨다. 우리가 이해할 수 없을 만큼 신비롭게도 모든 것을 다 아시는 하나님께서 우리의 죄를 용서하신다.

이제 당신도 자신의 죄를 용서할 수 있지 않은가?

문제의 핵심을 파악하고 기도하라

사도 바울은 우리가 마땅히 구할 바를 알지 못하는 때가 많다고 했다(롬 8:26). 그러나 성령님께서 우리 안에서 우리를 위해서 기도하시고 중보하신다. 어떤 때는 성령님께서 인간 상담자를 사용하셔서 우리의 문제가 무엇인지 깨닫도록 도와주신다. 어떤 때는 성령님께서 하나님의 말씀이나 인생의 어떤 사건을 통해서 갑자기 우리의 문제를 인식할 수 있도록 도와주신다. 우리에게 정말로 문제가 되는 것이 무엇인지를 이해하고, 어떻게 기도해야 할지를 아는 것은 중요하다. 야고보는 많은 경우 우리가 잘못된 것을 위해서 기도하기 때문에 응답받지 못한다고 했다(약 4:3). 상담자나 목사나 친구의 도움을 받아 당신이 진정으로 원하는 것이 무엇인지 성령님께 물어 보는 것이 필요하다.

여러분은 아마 자동차 왕 헨리 포드(Henry Ford)와 찰리 스타인메츠(Charlie Steinmetz)에 대한 이야기를 기억할 것이다. 스타인메츠는 난장이었고, 못 생기고 신체적인 결함이 있는 사람이었다. 그러나 그는 전기 분야에서는 뛰어난 사람으로 유명하다. 스타인메츠는 미시간 주 디어본에 있는 헨리 포드의 첫 번째 공장에 큰 발전기를 설치했다. 하루는 이 발전기가 고장이 나서 공장의 가동이 중지되었다. 일반 전기공과 수리공들을 불렀지만 그들은 발전기가 다시 돌아가게끔 고치지 못했다. 포드는 다음으로 스타인메츠를 불렀다. 전기 분야에 뛰어난 천재 스타인메츠가 도착했다. 몇 시간 동안 규모 없이 일하는 것처럼 보이더니 마침내 그가 스위치를 돌리자 그 큰 포드 공장이 다시 가동되기 시작했다.

며칠 후에 헨리 포드는 스타인메츠로부터 1만 달러의 청구서를 받게 되었다. 포드는 비록 부자이긴 했으나, 그 청구서에다 이렇게 쓴 노트를 붙여서 돌려보냈다.

"찰리, 이 청구서의 금액은 당신이 그 모터를 두들기며 몇 시간 일한 것에 비해 너무 비싸지 않습니까?"

스타인메츠는 포드에게 청구서를 다시 돌려보냈다. 거기에는 이렇게 써 있었다.

"모터에서 두들기며 일한 것은 10달러. 어디를 두들겨야 할지를 알아낸 것은 9,990달러. 합계: 10,000달러."

헨리 포드는 청구 금액을 그대로 지불했다. 성령님은 우리의 어디를 두들겨야 할지를 아신다. 우리는 마땅히 빌 바를 알지 못한다. 우리는 많은 경우 잘못 구하기 때문에 받지 못한다. 이번 장을 읽으면서 성령님께 자신에 대해 알아야 할 필요가 있는 부분이 무엇인지 보여 주시고 당신의 기도를 인도해 주실 것을 부탁하라.

"그러므로 천국은 그 종들과 결산하려 하던 어떤 임금과 같으니 결산할 때에 만 달란트 빚진 자 하나를 데려오매 갚을 것이 없는지라 주인이 명하여 그 몸과 아내와 자식들과 모든 소유를 다 팔아 갚게 하라 하니 그 종이 엎드려 절하며 이르되 내게 참으소서 다 갚으리이다 하거늘 그 종의 주인이 불쌍히 여겨 놓아 보내며 그 빚을 탕감하여 주었더니 그 종이 나가서 자기에게 백 데나리온 빚진 동료 한 사람을 만나 붙들어 목을 잡고 이르되 빚을 갚으라 하매 그 동료가 엎드려 간구하여 이르되 나에게 참아 주소서 갚으리이다 하되 허락하지 아니하고 이에 가서 그가 빚을 갚도록 옥에 가두거늘 그 동료들이 그것을 보고 몹시 딱하게 여겨 주인에게 가서 그 일을 다 알리니 이에 주인이 그를 불러다가 말하되 악한 종아 네가 빌기에 내가 네 빚을 전부 탕감하여 주었거늘 내가 너를 불쌍히 여김과 같이 너도 네 동료를 불쌍히 여김이 마땅하지 아니하냐 하고 주인이 노하여 그 빚을 다 갚도록 그를 옥졸들에게 넘기니라 너희가 각각 마음으로부터 형제를 용서하지 아니하면 나의 하늘 아버지께서도 너희에게 이와 같이 하시리라"(마 18:23-35).

"우리가 우리에게 죄 지은 자를 사하여 준 것 같이 우리 죄를 사하여 주시옵고"(마 6:12).

2
죄책감, 은혜, 그리고
빚진 것 거두어들이기

하나님께 탕감받았지만, 상처 준 이들을 용서하지 못하다

마태복음 18장의 비유를 통해서 예수님은 용서에 관한 가르침에 생동력 있는 색채와 음향을 가미하셨다. 이 비유에는 영적인 치료와 정서적인 치료에 대한 깊은 통찰력이 가득 담겨져 있다. 우리는 이 사실을 보고 놀라서는 안 된다. 이 세상에 살았던 사람들 가운데 오직 예수님만이 온전한 정신을 가지고 사셨던 분이다. 우리는 예수님께서 인간의 마음속 가장 깊은 곳에 있는 것까지도 아셨음을

성경을 통해 알 수 있다. 그러므로 우리는 인간의 마음속 가장 깊은 곳까지 꿰뚫는 심리학적 진리를 내포하고 있는 예수님의 진리의 말씀과 가르침에 기대를 가져야 한다.

용서에 대한 종과 주인의 생각

왕이 그의 종들과 함께 회계하려고 결정했을 때 그는 종 하나가 자신에게 1,000만 달러라는 거액의 빚을 졌다는 것을 발견했다. 예수님은 이 비유에서 빚을 갚기에 불가능한 액수를 말씀하신다. 유대, 이두매, 사마리아, 갈릴리, 그리고 베레아 지역 모두를 포함한 연간 세액은 불과 80만 달러밖에 되지 않았다. 그러나 이 과장된 빚의 액수야말로 이 비유에서 말하고자 하는 전체의 핵심이다. 하나님께 진 한 개인의 빚은 너무 커서 절대로 갚을 수 없다. 더욱이 하루에 조금 버는 일꾼들은 아무리 저축을 많이 한다 해도 천만 달러의 빚을 갚을 길이 없다.

그 종은 주인에게 무릎을 꿇고 긍휼을 구했다. 그는 '마크로뒤메손'(makrothumeson)이란 특별한 종류의 긍휼을 구했다. 이 단어는 신약에서 '시간의 연장, 인내, 지체함'이란 뜻으로 사용되었다. "주여, 내게 참으소서, 기간을 연장해 주시면 내가 다 갚겠나이다. 시간을 좀 더 주시옵소서."

우리가 여기에서 볼 수 있는 사실은 용서에 대한 종의 생각과 주인의 생각에는 차이점이 있다는 것이다. 주인은 그를 불쌍히 여겨서 그의 모든 빚을 탕감해 주고 그를 놓아주었다.

그러나 빚을 탕감받은 종은 밖에 나가서 자기에게 겨우 20달러에 불과한 빚을 진 동료를 만났다. 그는 빚진 자의 목을 붙잡고 말하기를 "내게 빚진 것을 갚으라"고 했다. 그가 빚을 갚지 못했을 때 그 종은 그를 불쌍히 여기지 않고 그가 빚을 다 갚을 때까지 옥에 가두어 버렸다.

그 후에 주인이 그 종을 불러 이렇게 한다. "자, 보아라. 내가 네 빚을 다 탕감해 주었는데 너는 네 동료를 이렇게 취급했구나." 그리고 주인은 노하여 그 빚을 다 갚기까지 그를 옥에 가두었다. 예수님이 그 다음에 하신 말씀은 첫 번째 말씀보다 더 충격적이다.

"너희가 각각 마음으로 형제를 용서하지 아니하면 나의 하늘 아버지께서도 너희에게 이와 같이 하시리라."

"잠깐만, 예수님. 무슨 말을 하시려는 겁니까? 그런 하나님 아버지가 우리에게 계신 것이 정말입니까? 혹시 잘못된 해석이 아닙니까?"

아니다. 이것은 분명한 의미를 내포하고 있다. 용서받지 못한 사람이나 용서하지 못하는 사람에게 하나님은 엄한 채권자의 역할을 하실 것이다.

이 큰 액수는 화폐 가치가 떨어졌기 때문이 아닐까? 혹은 내세에 악인의 심판을 의미하는 것이 아닐까? 그러한 의미도 포함되어 있기는 하지만 우리는 예수님의 말씀이 현 세상에서 실현되는 것을 본다. 지금 우리가 살고 있는 이 시대에서 용서받지 못한 사람과 용서하지 못하는 사람은 죄책감과 분노로 고민하고 있다. 그러한 사람은 여러 가지 형태의 정서적 갈등을 내적으로 경험하면서 고민하는 옥고를 치르며 살고 있다.

의무와 채무

예수님의 비유는 인간관계에 관한 그림으로 엮어져 있다. 이 세상에서의 삶이란 용서하는 것과 은혜를 베푸는 것과 사랑하는 것이 존재하도록 만들어졌다. 이 욕구는 자연이나 인간의 구조에 적합하도록 마련된 것이다. 그것은 우리 몸의 세포 구석구석마다 그리고 모든 인간관계 속에 포함되어 있다. 우리는 은혜와 사랑과 용납을 경험하도록 만들어졌다.

성경에서 말하는 죄의 정의 중 하나는 "하나님의 법을 어긴 것"이다. 우리가 법을 어겼을 때 어떤 의미에서는 그 법에 대해 빚을 진 것이라고 말할 수 있다. 영어 단어의 '의무가 있다'(ought)와 빚을 지다'(owe)는 같은 어원에서 나왔다. 어떤 것을 해야 한다와 하지 말아야 한다는 표현을 할 때 "나는 그것을 해야 한다"(I ought to do this)라고 쓰는 것은 "나는 그것을 하나님께 빚졌다"(I owe it to God)라고 쓰는 것과 마찬가지이다.

하나님의 법에 관한 진리는 인간관계의 영역에도 진리로서 적용된다. 우리는 대인관계에 있어서 해야 하는 것들(oughts)과 하지 못한 것들(debts)을 경험한다. 우리는 어떤 사람에게 잘못을 했을 때 종종 이렇게 말한다. "어쩐지 나는 그에게 빚을 진 것 같은 기분이야" 혹은 "그 사람이 나에게 사과해야 할 의무가 있는 것처럼 느껴져." 어떤 사람이 감옥에서 풀려났을 때 우리는 그가 사회에 진 빚을 다 갚았다고 말한다.

예수님은 기도에 관해서 우리에게 가르치실 때 주기도문의 중심에 이 개념을 집어넣으셨다. "우리가 우리에게 죄지은 자를 사하여 준 것 같이 우리 죄를 사하여 주시옵고." 목사나 상담자나 누구든지 사람들과 가까이 일하는 자들이라면 이 빚을 지고 빚을 갚는다는 의식이 개인의 인격 구조 속에 놀라울 만큼 깊이 뿌리박혀 있다는 사실을 알아야 한다. 빚진 것을 거두어 들여야 한다고 주장하는 사람의 마음속에 자연스럽게 작용하는 생각은 꼭 빚을 갚아야 한다는 것과 빚을 졌다는 생각이다. 우리는 우리가 빚진 것을 갚든지 혹은 다른 사람이 우리에게 진 빚을 갚게 하든지 해서 잘못된 것들을 보상하고자 한다.

만약 우리가 스스로에 대해 화가 났다면, 이렇게 말할 것이다. "잘못된 것에 대한 빚을 내가 다 갚아야 해." 혹은 우리가 다른 사람에게 화가 났다면 내게 잘못한 것에 대한 빚을 그 사람이 갚아야 한다고 말한다. 이것은 우리의 인격이 마음속에 있는 옥졸들에게 넘겨졌을 때 가차 없이 이루어지는 전체적인 과정이다. 그 옥졸들이야말로 무시무시한 감옥에서 빚진 자에게 빚을 갚게 하는 일을 시키고 있다.

예수님은 용서받지 못한 자와 용서하지 않는 사람들은 죄책감과 원망하는 마음과 애쓰며 갈등하는 마음과 근심하는 마음의 네 가지 어려운 문제 가운데 빠진다고 말씀하신다. 이러한 네 가지 요소들은 긴장감과 갈등과 다른 모든 종류의 정서적 문제들을 동반한다.

데이비드 벨굼(David Belgum) 박사는 현재 신체적 질병으로 병원에 입원해 있는 사람 중 75퍼센트가 정서적인 문제 때문에 병이 생겼다고 주장한다. 그의 말에 의하면 환자들은 병으로 스스로를 학대하고 있으며 그들이 경험하는 신체적 증상과 문제들은 자신이 원하지 않게 생긴 죄책감의 발로라고 말한다.[1]

정서적인 문제들의 원인들

몇 년 전 나는 복음주의적 그리스도인들이 가지고 있는 정서적인 문제에는 두 가지 주요한 원인이 있다고 결론을 내리게 되었다. 첫째, 하나님의 무조건적인 은혜와 용서를 이해하지 못하고 받아들이지 못하며 생활에 적용시키지 못한다. 둘째, 하나님의 무조건적인 사랑과 용서와 은혜를 다른 사람에게 나누어 주지 못한다.

용서를 받아들이지 못하다

우리 가운데 많은 사람이 예수님의 비유에 나오는 종과 같다. 그 종이 주인에게 시간을 연장해 달라고 간청한 것은 주인이 그에게 제안한 내용을 이해하지 못했기 때문이다. 그런데 무슨 일이 일어났는가? 주인은 그를 불쌍히 여김으로 그 종이 요청한 것보다 더 많이 베풀어 주었다. 그가 전혀 기대하지 않았고 기도하지도 못했던 부분이었다. 그의 모든 빚을 탕감해 준 주인은 그를 놓아주었다.

그러나 그 종은 그에게 말한 것을 알아듣지 못했다. 그는 다만 주인이 자신이 요청한 것을 들어주었다고 생각했다. 그가 요청한 것은 무엇이었던가? 오래 참아 달라는 것과 시간을 연장해 달라는 것이었다. "주여, 내 빚은 폐기하지 마소서. 기한을 연장해 주시면 당신께 진 빚을 내가 다 갚겠나이다." 그는 어리석고 교만하게도 시간만 연장해 주면 천만 달러를 갚을 수 있다고 생각했다. 그러나 주인은 그를 불쌍히 여겨 모든 빚을 완전히 다 없애 주었다. 주인은 기한을 연기해 준 것이 아니다. 종의 빚 증서를 찢어 버렸다. 주인은 종의 채무를 말소시켰고 그 종은 차용으로부터 해방되었다. 종은 감옥의 두려움으로부터 자유하게 되었다.

그 종은 놀라운 소식을 믿을 수가 없었다. 그것을 받아들일 수가 없었다. 종은 이 놀라운 상황을 그대로 받아들이지 못했다. 그는 아직도 빚진 자로서 형의 선고 아래 있다고 생각했고 오로지 그는 좀 더 많이 일하고 아껴 쓰고 저축해서 빚진 돈을 갚아야 한다고 생각 했다. 빚이 청산되었다는 사실을 이해하지 못했기 때문에, 숨어 있는 옥졸들 즉 원망과 죄책감과 애씀과 근심의 옥졸들이 마음속에서 그를 괴롭혔다. 아직도 빚을 지고 있다고 생각했기 때문에 그는 빚을 갚아야 했고, 또한 다른 동료들로부터 빚을 거두어 들여야만 했다.

우리 가운데 많은 사람이 이 종과 같다. 성경 말씀을 읽고, 듣고, 은혜에 관한 훌륭한 신학도 믿는다. 그러나 우리가 사는 방법은 그렇지 않다. 머리로는 은혜에 대해 믿지만 마음속에 은혜를 체험하지 못하거나 혹은 대인관계에 있어서 은혜를 깨닫지 못하는 경우가 있다. 은혜란 진정으로 경건하게 사용되는 단어이다. 우리는 신앙 생활을 통해 은혜에 대해 확신하고, 찬송을 부를 때도 은혜에 대해 찬양한다. 우리가 믿음을 통해서 은혜로 구원을 받는다는 사실이야 말로 그리스도인이 소유하는 믿음의 특별한 일면이다. 그러나 그 믿음이 머리에만 남아 있다면 무슨 소용이 있겠는가? 은혜의 복음의 기쁜 소식이 우리의 마음속 깊이 뚫고 들어오지 못하고 있다. 우리의 인간관계 속에 역사하지 못한다.

"은혜란 하나님이 받을 자격이 없는 자에게 주시는 호의"라고 은혜의 정의를 부르짖는다. 그러나 그것은 우리의 내적 감정과는 상관이 없고 또한 우리의 삶과도 관계가 없다. 우리는 더 깊이 나아가야 한다. 은혜란 하나님이 받을 자격이 없는 자에게 베푸시는 긍휼과 호의일 뿐 아니라, 일을 해서 얻어지는 것도 아니고 갚을 수 있는 일도 아니다. 은혜를 제대로 보고 알고 느끼지 못하기 때문에 많은 그리스도인이 불행하게도 행위와 일의 성취와 애써서 노력하는 것에만 급급해 한다. 죄책감을 없애려고 노력하며, 빚을 갚아 버리려고 노력한다. 그들은 성경을 더 읽고 하루 기도 시간을 10분 연장하며, 나가서 전도도 하지만 마음이 개운치가 않다. 그들이 소유한 구원은 약속 어음에 의한 것이다.

많은 그리스도인이 언젠가 내가 만났던 젊은 목사와 비슷한 처지에 놓여 있다. 그 목사님은 다른 사람과 함께 일하면서 많은 문제를 일으키는 사람이었다. 특히 그는 부인과 가족과의 관계에 있어서도 문제가 있었다. 나는 그분의 사모님과 미리 개인적인 이야기를 나누었는데 그 사모님은 매우 훌륭했다. 온화하고 사랑스러운 성품을 가진 매력적인 분이었을 뿐 아니라 남편의 사역을 전적으로 돕고 있었다. 그러나 그 목사님은 계속 아내를 비난했고 나무랐다. 그 사모님이 행동하는 모든 것이 잘못되었다고 빈정대는 투로 아내를 비난했다. 아내가 잘한 것은 깎아내리고, 아내의 사랑과 애정을 거부했다.

그러나 서서히 그는 결혼 생활이 부서지고 깨어지고 있다는 사실을 확실히 인식하게 되었다. 그리고 그는 자신의 목회 사역에 있어서 지나치게 거칠고 비판적인 설교를 함으로써 사람들에게 상처를 주고 있다는 사실도 인식하게 되었다. 그는 자신의 불행을 다른 사람에게 전가(轉嫁)시키고 있었다.

마침내 그는 절망적인 상태에서 나를 찾아왔다. 첫 면담에서 그는 남자들에게 있는 흔한 문제를 이야기하면서 아내를 비난했다. 그러나 얼마 후, 그가 솔직하게 자신을 드러냈을 때 문제의 원인이 되었던 고통스러운 근원이 빛 가운데로 드러나기 시작했다.

그가 한국에서 군 복무를 하던 중 그는 특별한 기간 동안 일본에서 머문 적이 있었다. 그 기간 동안에 도쿄의 거리를 거닐면서 외로움과 공허감과 고향에 대한 향수를 몹시 많이 느끼게 되었고 결국 유혹에 빠져 버렸다. 그는 유흥업소를 찾아갔다.

그는 자신을 용서할 수가 없었다. 하나님께 용서를 구했고, 머리로는 그 죄가 용서되었다고 믿었다. 그러나 죄책감이 그를 괴롭혔고 자신을 증오했다. 거울을 들여다볼 때마다 그는 자신의 모습을 보는 것이 견디기 어려울 정도였다. 그는 어떤 사람과도 이러한 자신의 경험을 나누지 못했으며 그의 짐은 점차 견딜 수 없을 정도로 무거워졌다.

군 복무가 끝날 때까지 변함없이 자신을 기다리고 있었던 약혼자와 결혼하기 위해서 그는 집으로 돌아왔다. 이후, 그의 정신적 갈등은 더 커졌다. 그는 아직도 자신의 잘못에 대해 완전한 용서를 받아들일 수가 없었다. 그는 자신과 약혼자에게 범했던 자신의 잘못을 용서할 수가 없었기 때문에 그녀가 베푸는 사랑과 애정도 용납할 수가 없었다. 그는 자신이 행복을 누릴 권리가 없다고 느꼈다. "나는 내 아내와 행복할 권리가 없어. 나는 내가 잘못한 것에 대한 빚을 갚아야 해."

무시무시한 옥졸들이 마음속에서 그를 괴롭혔다. 그는 자신에게 벌을 주며, 고통을 주며, 죄책감의 빚을 모두 갚으려고 노력했다. 그 모든 세월을 옥중에서 살면서 고통스럽게 죄값을 치르려고 했다. 토저(A. W. Tozer)가 말한 대로 그 젊은 목사는 "끊임없는 참회" 속에서 살고 있었다.

그가 하나님으로부터 온전한 자유함의 용서를 받아들이고, 또한 그의 아내와 무엇보다도 자신으로부터 용서된 것을 지켜보는 일은 매우 아름다웠다. 그는 분명 그리스도인이었다. 그는 하나님을 믿었을 뿐만 아니라 은혜에 관한 설교도 했다. 그러나 그는 하나님의 용서를 온전히 받아들인 적이 없었다. 그는 약속 어음으로 빚을 갚으려고 노력하고 있었다. 죄책감을 처리하는 장비를 마음속에 설치해 놓고 자신의 빚을 스스로 갚으려는 작업을 하고 있었다.

우리가 마음으로 형제를 용서하지 않으면 하나님의 용서를 경험할 수가 없다. 아마 우리는 형제란 말을 내가 아닌 다른 사람으로 생각하기가 쉬울지도 모른다. 만약 당신이 바로 용서를 받아야 할 형제나 자매이고, 용서를 해야 한다면 어떠할까? 자신에게도 그것을 적용해야 하지 않을까? 주님께서는 원수를 사랑하라고 말씀하셨다. 만약 당신의 가장 어려운 대적이 스스로라면 어떻게 하겠는가? 그

대적에 당신도 포함되지 않는가? 위에서 말한 목사님의 경우 그가 다른 사람을 용서한다는 의미가 자신을 용서하는 것임을 인식할 필요가 있었다. 자신에 대한 분노와 원망이나, 스스로를 용서하지 않는 것은 우리가 다른 사람을 향해 상처를 입게 하는 만큼 우리에게도 상처를 입히는 일이다.

용서하지 못하다

우리가 하나님의 은혜와 용서를 받아들이지 못할 때, 다른 사람을 무조건적으로 사랑하거나 용서하거나 은혜를 베풀지 못하게 된다. 이 결과 우리는 대인관계에서 실패를 겪는다. 또한 우리와 다른 사람들 사이에는 정서적 갈등이 생기게 마련이다. 용서를 경험하지 못한 사람은 다른 사람을 용서하지 못한다. 그리고 용서를 하지 않기 때문에 다시 용서를 받지 못하게 되는 악순환을 반복한다.

얼마나 비참한 모습을 묘사하는 비유인가! 좋은 주인이 빚을 완전히 다 갚아 주었다는 것을 알아듣지 못하고 아직도 주인에게 그 빚을 갚으려고 자신에게 빚진 사람을 좇아다니며 빚을 거두어 들여야만 한다고 생각하고 있으니 말이다. 좋은 빚이 모두 청산되었다는 사실을 모르고 있다. 좋은 집에 돌아가면 장부를 펴놓고 이렇게 말할 것이다. "주인에게 빚진 것을 갚겠다고 약속했기 때문에 이 금액을 모두 거두어들여야만 해." 그리고는 어떻게 했는가? 제일 먼저 만난 동료를 붙들어 그의 목을 잡고 말했다. "내게 빚진 것을 갚으

라. 내게 20달러 빚진 것 내놓아라."

한 번 생각해 보라. 그는 겨우 자기 주인이 약속 어음 지불 기한만을 연장해 준 것으로 생각했다. 그러나 동료에게는 지불 기한조차도 연장해 주지 않고 말하기를 "당장 갚으라, 아니면 내가 너를 감옥에 집어넣겠다"라고 했다. 그 불쌍한 빚진 동료는 갚을 돈이 없었고 결국 감옥에 투옥되었다. 이러한 태도는 원만한 대인관계에 있어서 절대로 건전한 방법이 아니다.

악순환은 더욱 악화되기 마련이다. 다른 사람에게 용납을 받지 못하는 사람은 다른 사람을 용납하지 못한다. 용서를 경험하지 못한 사람은 다른 사람을 용서하지 못한다. 은혜를 체험하지 못한 사람은 다른 사람에게 은혜를 베풀지 못한다. 실제로, 그들의 행동은 때때로 은혜롭지 못하게 표현된다. 이로써 정서적 갈등과 단절된 대인관계를 초래하게 된다.

이러한 사실들이 우리의 삶 가운데 존재하는 '의미 있는 사람들'에게 어떻게 적용되는지 생각해 보라. 자랄 때 상처를 준 부모들, 도움이 필요할 때 도와주지 않고 놀리거나 무시했던 형제들, 배반했던 친구, 사랑을 거절했던 애인이 있었을 것이다. 또한 나를 사랑하고 존경하고 안위하고 보호해 줄 것을 약속한 뒤에 오히려 나에게 대들고 비난하고 상처를 준 아내나 남편이 있을 것이다. 그들은 모두 우리에게 빚진 사람들이 아닌가?

우리는 그들로부터 받아야 할 애정과 사랑과, 안정과 칭찬을 받지 못했다. 그러나 우리가 그 빚을 청산하지 않고 죄책감과 원망과 불안정과 근심에 쌓여 있으며, 자신을 용서하지 않고 용납하지 않기 때문에 그 결과 우리도 다른 사람을 용서하지 못하고 용납하지 못하게 된다. 은혜를 받는 것이 무엇인지 모르는데 어떻게 다른 사람에게 은혜를 베풀 수 있겠는가? 자신이 괴로움을 느끼는 사람은 다른 사람을 괴롭힌다. 자신이 소유한 슬픔과 상처의 빚을 다른 사람에게 갚게 한다. 나를 아프게 했던 그 사람들로 하여금 그들이 진 빚을 갚게 해야만 한다. 그렇다면 우리는 괴로움의 빚을 거두어들이는 사람인 것이다.

부도난 결혼생활

결혼한 많은 사람의 실수는 하나님만이 하실 수 있는 것을 하나님께서 하시도록 허용하지 못하는 데서 온다. 그리고는 인간이 할 수 없는 것을 배우자에게 하도록 요구한다. 만약 그렇게 할 수만 있다면 인간은 훌륭한 남편도 만들어 낼 수 있고 훌륭한 아내도 만들어 낼 수 있을 것이다.

그러나 그들은 쓸모없는 우상의 신(神)들을 만들었다. 그들이 그렇게 만들도록 허용한 것이 아니다. 결혼식날 서로 약속하는 멋진 서약들이 있다. "나는 어떤 환경에 처하든지 일생을 동고동락하며 당신을 사랑하고 돌보아 주고 귀중히 여기기로 약속합니다"라고 약속한다. 이 약속은 마음속에 하나님의 사랑과 은혜를 간직한 사람만이 지킬 수 있다.

그러나 종종 이러한 아름다운 약속의 말을 할 때 그 사람이 말하는 진정한 의미는 다음과 같다. "내 속에는 굉장히 많은 내적 욕구와 공허감과 갚아야 될 빚이 있습니다. 이제부터 나는 당신에게 이 어마어마하게 깊이 파인 계곡을 메꾸어 나가며 나를 돌보게 할 멋진 기회를 제공해 드리기로 하겠습니다. 나는 참 훌륭하지요?"

심리학자 래리 크랩(Larry Crabb)은 이러한 행위를 개에게 있는 진드기에 비유했다. 진드기는 항상 개로부터 양분을 빨아먹지 개의 건강에는 관심이 없다. 많은 결혼 생활의 비극은 두 사람이 다 받는 입장에 있기 때문에 발생한다. 그래서 그 결혼 생활은 이렇게 비유할 수 있다. 즉 진드기 두 마리가 있고 양분을 빨아들여야 할 개가 없는 것과 같다. 둘 다 빚을 거두어들이는 사람들이고 빚을 받아 낼 대상은 없는 경우와 같다.

수년 전에 한 부부가 나를 찾아왔다. 15년 동안 결혼 생활을 했는데 그 15년이 탁구공 치는 것과 같았다고 했다. 남편이 공을 치면 아내가 받아치고 반대로 아내가 치면 남편이 받아 넘기곤 했다는 것이다. 공격과 방어의 열전이 교차되었다. 우리가 서서히 고통스럽게 상담을 시작하면서 제일 먼저 해야 할 일이 있었다. 신학이라는 포장 속에 쌓여진 무시무시한 감정들, 즉 그들이 서로 불화하고 있는 문제의 원인이 되는 실망감과 상처와 원한을 벗겨 내는 일이었다. 아내는 남편의 영적인 지도력을 보고 그와 결혼했다. 그는 대학 캠퍼스 내에서 아주 중요한 인물이었다. 그는 겉으로 보기에 건실하며 훈련이 잘된 사람으로서, 주님의 일을 위해서는 어디든지 가겠다는 태도로 열심히 일하는 사람이었다.

그와 반대로 남편의 우유부단하고 훈련이 부족하며 게으르고 일을 처리하지 않고 미루는 버릇을 가진 모습이 나타났을 때 아내가 느꼈던 충격을 상상할 수 있을 것이다. 그녀는 분한 마음으로 마치 예수님의 비유에 나오는 종과 같이 그의 목을 잡고 "당신이 나를 속였군요. 내가 당신과 결혼할 때 가졌던 당신에 대한 그 모든 기대감이 부도났습니다"라고 말했다. 그녀는 남편을 대할 때마다 자기에게 빚을 갚아야 할 사람으로 보았다. 항상 다그치는 말투로 "내게 빚진 것을 갚으시오"라고 15년 동안이나 말해 왔던 것이다.

반면에 남편은 자기 아내의 아름다운 외모와 정결함과 잘 정돈된 모습을 보고 결혼했다. 그 남편은 아내가 집안 살림을 형편없이 하고 머리와 옷과 외모에 신경쓰지 않는 것을 발견했을 때 얼마나 실망했을지 상상할 수 있을 것이다. 남편은 아내가 자기를 속였다는 느낌이 들었다.

"결혼 전 우리가 만날 때 당신은 여러 가지 약속을 내게 했고, 내가 생각했던 당신은 이런 사람이었는데, 이제 약속이 부도가 났소. 당신은 내게 분명히 약속을 했단 말이오."

그래서 그는 아내의 목을 잡고 비난과 날카로운 말투로 이렇게 말한다. "내게 빚진 것을 갚으시오. 당신은 내게 써 준 약속 어음을 갚지 않고 부도를 냈소."

아내와 남편은 각각 상대방이 변화되기를 바라며 15년 동안 기다려왔다. 소위 그리스도인이라는 사람들의 대인관계가 이처럼 비참해지다니 비극이 아닐 수 없다.

우리는 빚진 것을 갚으라고 빚을 거두러 다니는 사람들이다. 우리는 괴로움의 빚을 다른 사람들로부터 거두어들이려는 사람들이다. 그 이유는 무엇인가? 우리는 빚이 모두 완전히 청산되었다는 것을 알지 못하기 때문이다. 하나님께서 갈보리 십자가에서 우리의 빚 증서를 찢어 버리셨는데도 그것을 알지 못하고 아직도 빚을 갚으려고 열심히 노력하고 있는 것이다.

한 번은 집회에서 빚진 것을 거두어들이는 것에 관한 설교를 마친 후였다. 복도를 지나가고 있는데 한 어머니가 나를 붙잡았다. 그리고 이렇게 말했다. "나는 그것을 결코 이해하지 못했어요. 나는 18년 동안 우리 아이에게 그런 태도로 대해 왔었지요. 아이를 조건 없이 사랑하지 못하고, 내게 진 빚을 갚으라고 아이에게 요구하며, 빚을 거두어들이는 일을 했어요."

그리고 그것이 얼마나 많은 문제를 일으키고 있었던가!

세 가지 테스트

용서해야 할 대상이 있는지에 대한 여부를 가리는 세 가지 테스트를 자신도 거기에 포함시켜서 함께해 보길 바란다.

원망하고 있는 대상이 있는가

당신은 지금까지 계속 마음속에 앙심을 품고 있는 대상이 있는가? 부모, 형제, 애인, 남편 혹은 아내, 친구, 동료, 어린 시절에 당신에게 잘못했던 사람, 초등학교 때 선생님, 혹은 성장기에 성적인 상처를 입힌 사람 중 누군가에 대해 원통함을 품고 있지 않는가?

책임 전가의 대상이 있는가

다음과 같이 해 본다. "오! 만약 부모, 아내, 자녀, 환경, 하나님이 내게 마땅히 갚아야 할 빚을 갚기만 했더라면 나는 지금처럼 엉망이 되지 않았을 텐데. 나는 이러한 모든 인격적인 문제들이 없었을 거야. 그들이 내게 빚진 것을 갚았더라면 내가 주인에게 진 빚을 다 갚을 수 있었을 거야."

수년 간 나는 책임을 남에게 돌렸다는 죄책감 가운데 살았다. 내가 실패하거나 잘못할 때마다 나는 내 안에서 이렇게 안위하는 음성을 들었다. '걱정하지 마. 그것은 네 잘못이 아니야. 만약 누군가 너에게 말해 주었더라면 아무 문제가 없었을 거야.'

당신은 자신의 결점과 잘못에 대해서 스스로 책임감을 갖고 있는가, 혹은 잘못될 때마다 똑같은 말을 되풀이하는가? "내가 이렇게 된 것은 그 사람들 때문이야. 그 남자가 그렇게 했고, 그 여자가 그렇게 했지." 많은 경우에 다른 사람을 용납하는 것과 자기 스스로가 책임감을 갖는 것은 동전의 양면과 같은 것으로서 이 둘은 동시에 처리하지 않으면 안된다.

과거에 용서하지 못한 대상이 있는가

혹시 어떤 사람에게 화를 낼 때 그 이유가 그 사람이 누군가를 연상시켜 주기 때문에 그러한 반응을 보인 적이 있지 않은가? 아마 당신의 남편이 아이들을 훈계하는 방법을 싫어하는 이유가 그것이 훈계를 심하게 했던 당신 아버지를 연상하게 하기 때문인지도 모른다. 그러한 것이 마찰의 원인이 된다. 당신이 이웃을 싫어한다면 함께 일하는 동료를 대할 때도 그와 비슷한 분노와 원망을 품게 된다. 왜 그런가? 그 이유는 당신이 다른 사람을 진정으로 용서하지 못했기 때문이다. 그리고 과거에 자기가 용서하지 못한 사람을 연상케 하는 사람이 나타났을 때 자신의 감정이 그 사람을 원망하는 마음으로 노출된다.

당신의 빚을 처리하는 방법

우리가 과거에 받은 모든 상처를 성경적으로 처리하는 방법이 있다. 하나님의 방법은 내가 누구를 용서하는 것과 원망을 포기하고 항복하는 데 그치지 않고 한걸음 더 나아가게 한다. 하나님은 당신이 이전에 경험했던 상처들과 죄와 허물을 담당하셔서 그것들을 싸매시고 사랑으로 변화시켜 주신다.

이 사실을 설명하는 가장 위대한 예가 십자가이다. 하나님께서는 십자가에서 인간의 눈으로 볼 때 가장 악한 불의와 가장 슬픈 비극을 담당하신 후 그것을 인간이 경험할 수 있는 가장 고상한 선물로 변화시켜 놓으셨다. 그것이 바로 우리에게 주신 구원의 선물이다.

우리는 이러한 예를 사람의 생애를 통해서도 볼 수 있다. 그의 형들에 의해서 비참하게 수난을 당한 요셉의 생애를 보자. 후에 그의 형들이 통치자가 된 요셉 앞에 무릎을 꿇었을 때 그는 형들에게 심하게 대하지도 않았고 형들이 자기에게 진 빚을 거두어들이지도 않았다. 그는 빚 거두어들이는 것에 관해 관심이 없었다. 반면, 그 형들이 잘못을 스스로 용서하기가 어려웠던 것을 알고 이렇게 말했다.

"두려워하지 마소서 내가 하나님을 대신하리이까 당신들은 나를 해하려 하였으나 하나님은 그것을 선으로 바꾸사 오늘과 같이 많은 백성의 생명을 구원하게 하시려 하셨나니"(창 50:19-20).

빚을 갚는 것으로부터 해방된 그리스도인의 공동체에 속해 있는
가? 당신의 결혼 생활은 빚을 거두어들이지 않아도 되는 생활인가?
당신의 가족은 어떠한가? 각 교회는 빚을 갚지 않아도 되는 곳이어
야 한다. 교회는 우리가 사랑을 받기 때문에 서로 사랑할 수 있는 곳
이다. 용납을 받기 때문에 서로를 용납할 수 있는 곳이다. 은혜를 체
험했기 때문에 다른 사람에게 은혜를 베풀 수 있는 곳이다. 우리가
도저히 갚을 수 없을 정도로 써 버렸기 때문에 우리의 능력으로는
갚을 수 없는 채무 증서를 주인이 찢어 버리셨다는 것에 대한 기쁨
을 알기 때문에 그렇게 행동할 수 있다. 모든 차용증은 무효가 되었
다. 주인이 그것을 찢어 버리셨다. 하나님께서는 "내가 지불 기한을
연장해 주겠으니 그렇게 알라"고 덧붙여 말씀하시지 않는다.

그가 우리를 자유롭게 하셨기에 우리도 다른 사람을 자유롭게
하며 더 나아가서 은혜와 사랑을 행동으로 옮기게 된다. 사도 바울
은 이를 짧게 요약했다. "피차 사랑의 빚 외에는 아무에게든지 아무
빚도 지지 말라"(롬 13:8).

예수님의 말씀 가운데 "너희가 거저 받았으니 거저 주라"는 말씀
이 있다. 문자 그대로 읽으면 "선물을 거저 받은 것처럼, 다른 사람
에게도 거저 선물을 주어라"(마 10:8)라는 의미이다.

"그러므로 우리에게 큰 대제사장이 계시니 승천하신 이 곧 하나님의 아들 예수시라 우리가 믿는 도리를 굳게 잡을지어다 우리에게 있는 대제사장은 우리의 연약함을 동정하지 못하실 이가 아니요 모든 일에 우리와 똑같이 시험을 받으신 이로되 죄는 없으시니라 그러므로 우리는 긍휼하심을 받고 때를 따라 돕는 은혜를 얻기 위하여 은혜의 보좌 앞에 담대히 나아갈 것이니라"(히 4:14-16).

"그는 육체에 계실 때에 자기를 죽음에서 능히 구원하실 이에게 심한 통곡과 눈물로 간구와 소원을 올렸고 그의 경건하심으로 말미암아 들으심을 얻었느니라 그가 아들이시면서도 받으신 고난으로 순종함을 배워서 온전하게 되셨은즉 자기에게 순종하는 모든 자에게 영원한 구원의 근원이 되시고"(히 5:7-9).

3
=

상처 입은 치유자,
예수

내 연약함을 동정하시는 대제사장이 계시다

히브리서 4장 15절을 긍정문으로 바꾸어 읽어 보면, "우리에게
는 우리의 연약함을 동정(이해)하시는 대제사장이 계시다"이다. 구
약에 나오는 '연약함'이란 단어는 제사장들이 드리는 제물과 연관된
다. 연약함은 주로 신체에 흠집이 있다는 뜻이다. 그것은 한 남자 혹
은 동물이 가지고 있는 결점이나 결함을 의미했다. 한 남자가 몸에
흠집을 가지고 있으면 그가 비록 아론의 혈통을 따른 제사장의 명분

을 지녔을지라도 제사장으로서의 역할을 수행하지 못했다. 그의 흠집(연약함) 때문에 그는 거룩하신 하나님의 존전에 들어갈 자격을 잃어버렸다(레 21:16-24).

이와 같이 제물과 희생은 "아무 점이나 흠이 없는" 것이어야만 했다. 레위기 말씀에는 여러 곳에서 흠이 있는 짐승은 하나님께 드리지 못한다는 것을 명백하게 말씀한다. 제물이나 제물을 드리는 사람은 흠집(연약함)이 없어야만 한다.

신약에서 '연약함'이란 단어가 상징적인 의미로 사용된 것을 볼 수 있다. 그것은 상징적인 말, 즉 은유로 쓰였다. 신약에서의 '연약함'이란 단어는 대개 '강함'(벧전 5:10)을 의미하는 '스테노스'(sthenos)의 부정형으로 사용되었다. 어떤 단어 앞에 'a'가 붙으면 부정형이 된다. '에이시스트'(atheist)가 되면 하나님을 믿지 않는 무신론자란 의미가 된다. '강함'이라는 의미의 단어 '스테노스'(sthenos) 앞에 'a'를 붙이면 '연약함'이란 단어의 어원인 '아스테네이아'(astheneia)가 되는데 이는 곧 '힘이 부족함, 강하지 못함, 나약함, 연약함, 불구'라는 뜻이다.

신약에서는 그 단어가 순전히 신체적 의미로만 사용된 적이 없다. 구약과는 달리 정신적, 도덕적, 정서적인 연약함 즉 그러한 면에서 강하지 못하다는 것을 지칭한다. 연약함 그 자체는 죄가 아니다. 그러나 그로 말미암아 죄의 유혹을 물리치는 힘이 약화되는 것은 사실이다. 신약에서의 연약함이란 우리 마음이 죄를 향해 끌리는 성품을 말한다. 그것은 우리 편에서 의식적으로 의도함 없이도 죄의 유혹에 빠질 수 있다는 의미이다.

히브리서는 신약의 다른 어떤 책보다도 레위기와 흡사한 면이 있다. 히브리서는 레위기에 제시된 제사 제도가 우리의 대제사장이신 예수 그리스도 안에서 성취되었다는 것을 보여 준다. 이 성취는 제사장이 가지고 있는 연약함의 문제에도 적용된다. 구약 시대의 제사장은 다른 사람과 같은 성정을 가졌기 때문에 연약함이 있었다. 그러므로 그가 제사를 드릴 때 자신의 불완전함을 가리기 위해서 자기 백성을 위한 제물을 드릴 때 자신을 위한 희생 제물도 함께 드렸다. 그들은 자신이 연약함을 지녔기 때문에 다른 사람의 연약함을 이해할 수 있었으며 사람들을 더 온유하게 다루었다. 제사장으로서 백성을 더 많이 이해할 수 있다. 그들은 우리처럼 죄와 유혹에 마음이 쏠리는 내적 연약함을 지녔다.

히브리서 기자는 이 모습을 우리의 대제사장이며 중보자이신 예수 그리스도에게 맞추어 묘사한다. 예수님은 죄를 한 번도 짓지 않으시고, 구약 시대의 제사장처럼 유혹에 굴복하신 적이 없으시기 때문에 자신을 위한 제사를 드릴 필요가 없는 분이다. 그러나 예수님은 사탄의 유혹을 받으셨고 모든 일에 있어 우리와 같이 시험을 받으셨기 때문에 우리의 연약한 감정을 이해하신다.

만약 예수님께서 단지 우리의 연약함에 대한 사실만 이해하신다 해도 나쁘지는 않을 것이다. 그러나 우리에게 더 좋은 소식은 그분이 우리의 연약한 감정까지 이해하신다는 사실이다. 단순히 불구의 상태, 나약함, 정서적인 문제들, 그리고 내적 갈등뿐만 아니라 그 것들로 인한 아픔까지도 이해하신다. 그는 좌절감, 근심, 우울감, 상처, 외로움, 고독감, 고립감과 거부감을 이해하신다. 우리의 연약한 감정을 이해하시는 예수님은 우리의 연약함과 불구의 상태에서 오는 무시무시한 감정 일체를 다 경험하셨다.

무엇이 그 증거인가? 우리의 연약함으로 말미암아 느끼는 감정을 어떻게 예수님께서 이해하셨는가를 보여 주기 위해서 히브리서 기자는 무엇을 기록했는가? "그가 육체에 계실 때에" 즉 예수님이 인간의 몸을 입으셨을 때, 그는 "간구와 소원을 올렸고"(히 5:7)라고 기록한다. 그것을 하실 때 부드럽고, 조용하고 아름답게 하셨는가? 아니다. "심한 통곡과 눈물로 간구와 소원을 올렸고 그의 경건하심으로 말미암아 들으심을 얻었느니라 그가 아들이시면서도 받으신 고난으로 순종함을 배워서"(히 5:7-8)라고 기록하고 있다. 이것은 겟세마네 동산과 고통과 수난, 우리 주님의 십자가를 가리킨다. 그리고 마치 이렇게 말하는 것 같다.

"자, 거기서 그가 모든 아픔을 경험하셨다. 그는 눈물로 부르짖는 것이 무엇인지 아신다. 그는 심히 통곡하며 간구하는 것이 무엇인지 아신다. 그는 거의 산산조각으로 찢어질 듯한 아픈 감정들과 씨름하셨다. 그가 아신다. 그가 경험하셨기에 당신과 같은 마음을 느끼실 수 있다. 그는 당신과 함께 고통을 느끼신다."

성육신에 해당되는 모든 단어 중에 가장 위대한 명칭은 임마누

엘 즉 '하나님이 우리와 함께 계시다'란 말이다. 하나님이 그 안에 우리와 함께하신다. 한걸음 더 나아가, 하나님이 인간의 경험을 통과하셨기 때문에 그 삶에 대해서 아시며, 우리와 같이 느끼실 수 있다. 그것이 우리가 담대히 하나님께 나올 수 있고, 자신 있게 하나님께 가까이 갈 수 있는 이유이다. 하나님은 "당신이 죄의식을 가지고 나올 수 있다"라든지 "부끄러운 모습으로 나올 수 있다"라고 말씀하지 않으셨다. 우리는 절대로 '내가 이 우울증을 가지고 있는 것은 내게 무엇인가 잘못되어 있기 때문이야. 나는 영적이지 못해'라고 느낄 필요가 없다. 이러한 생각들로 종종 우리 그리스도인들은 서로를 해치는 무서운 잘못을 저지르곤 하는데, 이것은 성경적이 아니다.

우리는 아이들로부터 잘한 것들만 보고 받아야 하는 신경질적인 부모 앞에 나아가는 것이 아니다. 우리는 "쉿, 그렇게 느끼면 안돼. 그건 잘못됐어. 울면 안돼. 네가 자꾸 계속해서 울면 진짜 울 일을 네게 줄 거야"라고 말하는 아버지 앞에 나아가는 것이 아니다.

우리는 우리의 감정을 이해하시고 그 감정을 함께 나누기를 원하시는 하나님 아버지께 나아가는 것이다. 그러므로 우리는 때를 따라 돕는 은혜를 발견하며, 긍휼을 얻게 된다는 것을 알면서 은혜의 보좌 앞에 담대히 나아갈 수 있다. 용서를 구해야 할 때도 나올 수 있고 우리의 죄 때문에 나아갈 수도 있다. 또한 우리가 연약한 감정에 의해서 시달리며, 괴로워할 때도 나아갈 수 있다.

예수의 수난과 고통에 대한 이해

구세주가 우리의 치료자가 되어 주시기 위해 치르신 대가가 무엇인가를 이해하기 위해서는 복음서와 시편과 이사야서에 나타난 예수님의 수난과 고통을 이해해야만 한다.

지금 나와 함께 겟세마네 동산으로 가 보자. 우리의 구세주 하나님이 우리와 함께 계시는 임마누엘이 되시기 위해서 치르신 대가가 무엇인가 찾아보자. 그분의 기도를 들어 보자. 마치 그것을 처음 듣는 것처럼 들을 수 있겠는가? "고민하고 슬퍼하사 이에 말씀하시되 내 마음이 매우 고민하여 죽게 되었으니"(마 26:37-38).

"잠깐만요, 예수님. 뭐라고 말씀하셨지요? 마음이 매우 고민하여 죽게 되었다고요? 당신께서 그 어려운 시간에 그러한 느낌과 감정과 아픔을 경험하시고 죽고 싶어하는 데까지 가셨다는 겁니까? 그러면, 주님께서는 내가 너무나 우울해져서 더 이상 살고 싶지 않을 때의 나의 감정을 이해하신다는 말씀입니까?"

시편 22편을 보라. 절망의 시편이라고 불리는 것 중 하나이다. "나는 물 같이 쏟아졌으며 내 모든 뼈는 어그러졌으며 내 마음은 밀랍 같아서 내 속에서 녹았으며 내 힘이 말라 질그릇 조각 같고 내 혀가 입천장에 붙었나이다 주께서 또 나를 죽음의 진토 속에 두셨나이다"(시 22:14-15).

시편 69편도 그렇다. "하나님이여 나를 구원하소서 물들이 내 영혼에까지 흘러 들어왔나이다"(1절). "깊은 물에 들어가니 큰 물이 내게 넘치나이다"(2절). "내가 부르짖음으로 피곤하여"(3절). "비방이 나의 마음을 상하게 하여 근심이 충만하니 불쌍히 여길 자를 바라나 없고 긍휼히 여길 자를 바라나 찾지 못하였나이다"(20절).

"베드로야, 너희가 나와 함께 한시 동안도 이렇게 깨어 있을 수 없더냐"(마 26:40). 예수님은 제자들에게 세 번이나 이렇게 간청했으나 아무 소용이 없었다. 마침내, "제자들이 다 예수를 버리고 도망하니라"(마 26:56).

우리가 무서운 고독감이나, 혹은 병적인 공허감과 싸우고 있을 때라든지, 심한 우울증을 경험할 때라든지, 고통의 수렁에 빠져 있다는 것을 자신이 알고 있을 때 기도하기가 가장 힘들 것이다. 그 이유는 그러한 때에는 우리가 하나님의 임재를 느끼지 못하기 때문이다. 예수 그리스도가 그 모든 것을 아시고, 이해하시며, 우리의 연약함을 느끼신다. 그분은 자신이 경험하셨기 때문에 우리의 모든 감정을 나누실 수 있다.

우리의 상처를 완벽히 이해하시다

예수님께서 재판을 받던 곳까지 따라가 보자. 그분은 거기서 거짓 증언을 들으셨다. 혹시 거짓 고소를 받아 본 적이 있는가? 그것으로부터 오는 고통을 아는가? "이에 예수의 얼굴에 침 뱉으며 주먹으로 치고 어떤 사람은 손바닥으로 때리며"(마 26:67). "예수를 희롱하고 때리며"(눅 22:63).

많은 경우 마음에 깊은 상처와 분노와 아픔으로 가득 찬 사람들을 상담할 때, 나를 쳐다보는 그들의 표정은 마치 큰 돌과 같으며 아무런 감정의 변화도 찾아볼 수 없다. 그러나 내가 좀 더 깊게 상대방에 관해 알아보기 위해서 "당신의 기억 가운데 가장 비참하게 남아있는 모습이 무엇인지 제게 말씀해 주시지 않겠어요? 당신에게 아픔을 가장 많이 주는 사람은 누구인가요?"라고 물었을 때 그들의 표정이 달라지는 것을 발견한다. 처음에 그들은 단지 기억을 더듬는다. 그리고는 두 눈에 눈물이 고이기 시작한다. 곧 그 눈물은 뺨 위로 흘러내리고 얼마 안 가서 심지어는 아주 건장한 남자까지도 고통과 분노로 인하여 흐느낀다.

"네, 뭔지 알아요. 기억이 나요. 아버지가 나에게 욕을 하며 내 머리를 때렸어요. 어머니가 손바닥으로 나의 뺨을 내리칠 때였어요."

손바닥으로 뺨을 때리는 것이야말로 사람의 인격을 가장 멸시하는 행동이다. 그것은 인간을 무시하며, 비참하게 만드는, 아주 깊은 비인간화의 발로이다. 이것은 매우 기본적인 우리의 인간성을 파괴하는 행동이다.

그러나 한 번 상처를 경험한 바 있는 우리의 치료자는 이것을 이해하신다. 그분은 머리를 맞는 것이 무엇인지 아시며 손으로 뺨을 맞는 일이 어떠한지 아신다. 또한 그러한 상처를 받은 당신 속에 일어나는 감정들을 직접 경험하셨다. 우리의 마음을 상하게 한 그 문제들을 친히 공감하신다. 그리고 그것을 고치시기를 원하신다. 우리의 감정에 대해 화를 내시지 않는다는 것을 알기를 원하신다. 그리스도는 우리를 충분히, 완벽히 이해하신다.

십자가에서 모든 감정을 경험하다

이제 십자가에 조금 더 가까이 가 보자. 그들이 예수를 조롱하고, 머리를 흔들며 "네가 만일 하나님의 아들이어든 십자가에서 내려오라"고 했다. 그들은 예수를 조롱하고 욕하고 비웃었다.

조롱하는 것, 욕하는 것, 꾸짖는 것, 십대의 청소년기에 이러한 모든 단어들이 가져다 준 지울 수 없는 아픔과 비굴한 상처들은 우리 마음속에 생생히 남아 있다. 고등학교야말로 이러한 충격적인 경험을 하는 곳이라 생각해 *Is There Life after High School?*(고등학교 이후의 삶이란 존재하는가?)란 책을 쓴 사람도 있다.

내가 만난 사람들 중에 성인이 된 후에도 자신들이 청소년기에 겪은 고통스러운 광경과 음성들을 기억하고 있는 것을 볼 때마다 놀란다. 사람들의 기억 속에 흔히 남아 있는 음성은 "너는 못생겼어" 같은 조롱하는 말이다. 또는 이상한 이름을 불러서 놀려대는 별명 부르기로서 '뚱보'라든지 '왈가닥' 혹은 '여드름 박사' 등이다. 큰 나비테 모양의 안경을 썼다든지 보기 흉한 치아 교정틀을 했다고 놀려대는 경우도 있다. 청소년 세계에서의 포악성이야말로 그들의 삶의 일부인 것처럼 느껴진다.

예수님은 우리가 친구에 의해서 배척당하거나, 실연당하거나, 놀림을 받을 때의 느낌이 어떤가를 아신다. "그는 고운 모양도 없고 풍채도 없은즉 우리의 보기에 흠모할 만한 아름다운 것이 없도다 그는 멸시를 받아서 사람들에게 버림받았으며 간고를 많이 겪었으며 질고를 아는 자라 마치 사람들이 그에게서 얼굴을 가리는 것 같이 멸시를 당하였고 우리도 그를 귀히 여기지 아니하였도다"(사 53:2-3).

그렇다. 그분은 간고를 많이 겪었고 질고를 아셨다. 우리가 비통해 할 때 그 감정에 공감하실 수 있다. 과부나 홀아비가 되어 외로운 사람이나, 이혼을 해서 외로운 사람들의 외로움이 어떠한가를 이해하신다. 그 감정이란 문자 그대로 마치 당신 자신의 일부가 찢기는 것과 같은 느낌이다.

한 연구 조사에 의하면 몸과 정신과 감정에 가장 스트레스를 크게 주는 두 가지 요소는 배우자의 죽음과 이혼이라고 한다. 어떤 면에서 이혼이 주는 상처가 더 크다고 볼 수 있다. 배우자의 죽음은 아픔이 크긴 하지만 상처가 깨끗한 아픔일 수 있다. 반면에 이혼은 상처의 자리에 지저분함과 염증을 남기며 계속적으로 고통을 준다. 예수님은 홀로된 부모가 남편과 아내의 역할이나, 어머니와 아버지의 역할을 한 사람이 모두 감당하려고 애쓰는 마음을 이해하신다.

그런데 예수님은 우리의 모든 연약함 가운데서도 가장 연약한 기도조차도 할 수 없는 느낌과 감정을 이해하실까? 하나님이 우리를 포기하시고 버리셨다는 느낌이 드는 순간의 우리 감정을 아시고 계실까? 예수님이 십자가에 달리셨을 때 천국은 그분을 외면했다. 그분이 산 자의 땅에서부터 끊어졌을 때 천국은 그 고통 소리에 가차없이 귀를 막았다. 예수님은 마지막 고뇌의 부르짖음을 외쳤으나 아무런 응답이 오지 않았다. "내 하나님이여 내 하나님이여 어찌 나를 버리셨나이까 어찌 나를 멀리하여 돕지 아니하시오며 내 신음 소리를 듣지 아니하시나이까 내 하나님이여 내가 낮에도 부르짖고 밤에도 잠잠하지 아니하오나 응답하지 아니하시나이다"(시 22:1-2). 예수님은 절규의 부르짖음을 이해하신다. 그분은 우리의 연약한 감정을 누구보다 잘 아신다.

고대 신조에는 예수께서 지옥에 내려가셨다는 문구가 들어 있다 (영문 사도신경에는 'He descended into hell'이란 부분이 있음-역주). 이는 예수께서 우리가 느끼는 어떤 감정이든지 이미 경험하셨음을 의미한다. 따라서 우리가 가장 비참한 가운데서 배척당하고, 버림받고, 우울감을 느끼며 두려움과 공포와 근심을 통과할 때에도 예수께 나아갈 수 있음을 의미한다.

우리는 예수께 나올 때 죄책감이나 부끄러운 태도를 갖지 않아도 된다. 그분이 우리 마음을 이해하실 뿐 아니라 우리를 치유하길 원하신다는 것을 알고 확신을 가지고 담대히 하나님께 나아갈 수 있다. 성령께서 우리의 연약함을 도우신다(롬 8:26)고 하셨듯이 그분은 우리를 홀로 내버려두지 않으신다. 예수께서 성육신해 모든 것을 경험하셨다. 이제는 성령님을 통해 그 모든 경험을 가지고 우리의 연약함을 도우신다. 이때 우리는 성령님의 도움으로 치료를 받게 된다.

젊고, 아름답고, 활기에 가득 찬 운동을 잘하는 조니 에릭슨 타다(Joni Eareckson Tada)는 어느 날 호수에서 다이빙을 하다가 돌에 머리를 부딪혔다. 그 결과로 몸에 마비가 왔고 그녀는 수족을 모두 쓰지 못하는 상태가 되었다. 그녀는 치아로 붓을 물고 그림을 그린다. 그녀의 간증은 책과 영화를 통해서 전 세계에 소개되고 있다.

조니는 어느 비참한 날 밤에 자신이 정말로 소망이 없다는 사실을 깨닫고 친구에게 생명을 끊어 버릴 수 있는 약을 좀 달라고 애원했다. 친구가 그것을 거절했을 때 그녀는 '나는 혼자 죽을 힘도 없구나'라고 탄식했다. 그때 조니에게는 사는 것이 마치 지옥 같았다. 고통과 분노와 비통함, 그리고 감정적인 아픔이 그의 영혼을 사로잡았다. 육체의 고통 가운데서도 아주 극심한 상태의 찌르는 듯한 고통이 그녀의 신경을 짓눌렀고 그것이 온몸에 전해졌다. 이러한 상태가 3년이나 계속되었다.

그러던 어느 날 밤, 조니를 지금처럼 아름답고 빛나는 그리스도인으로 만들어 주었던 극적인 변화가 찾아왔다. 가장 친한 친구 신디가 침상 곁에서 조니를 격려해 주기 위한 방법을 열심히 찾고 있었다. 친구가 갑자기 말을 불쑥 꺼냈는데 그것은 성령님께로부터 온 생각이 틀림없었다.

"조니, 예수님은 네가 느끼고 있는 것을 아신단다. 전신이 마비된 사람이 너 혼자는 아니란 말야. 예수님도 마비됐었으니까."

조니는 그 친구를 뚫어지게 보았다.

"신디(Cindy), 너 지금 무슨 말을 하는 거야?"

"사실이야, 틀림없어, 조니. 생각해 봐, 그분은 십자가에 못 박혔었지. 그분의 등은 네 등이 가끔 아파서 찢어지는 것과 같이 채찍에 맞은 자리가 아파서 찢어지는 것 같았지. 아마 예수님도 움직이고 싶으셨음이 틀림없어. 몸의 자세를 좀 바꾸려고 몸에 힘을 줘 봐도 몸을 움직일 수가 없었지. 조니, 그분은 네 고통을 아신단다."

그 말을 시작으로 신디의 말들은 조니의 마음을 사로잡았다. 그녀는 전에 절대로 그런 생각을 해 본 적이 없었다. 하나님의 아들이 그녀의 몸을 뒤흔드는 찌르는 듯한 느낌을 경험하셨다. 하나님의 아들이 그녀가 겪고 있었던 말할 수 없는 고통을 아신다.

조니는 후에 이렇게 말했다. "하나님이 굉장히 가깝게 느껴졌지요. 나는 친구들과 가족들이 나에게 베푼 사랑이 얼마나 큰 변화를 가져왔는지 알 수 있었어요. 나는 하나님도 역시 나를 사랑하신다는 것을 깨달았어요".[2]

그리스도인으로서 우리는 종종 예수님이 십자가에서 몸으로 우리 죄를 담당하신 것에 대해 감사한다. 하지만 우리는 이것 외에 기억해야 할 것이 또 있다. 예수님은 자신을 우리의 인간성과 완전히 동일시하셨고 특히 십자가에서 우리의 모든 감정을 스스로 경험하셨다. 그리고 그는 우리의 연약한 감정들을 짊어지셨다. 우리는 이제 그것들을 홀로 지고 가지 않아도 된다.

많은 그리스도인은 대대로 전해지는 "외로움의 골짜기"(Lonesome Valley)라는 제목의 찬송가를 알고 있다.

> 예수님께서 이 외로움의 골짜기를 걸으셨네
> 그는 혼자 거기를 걸으셔야만 했네.
> 다른 아무도 대신 걸을 수가 없었네
> 그는 혼자 거기를 걸으셔야만 했네.
>
> 당신은 당신의 고난의 길을 견디며 가야만 하네
> 당신 스스로 그것을 감당해야만 하네.
> 아무도 당신을 위해 대신 설 수가 없네
> 당신 스스로 그것을 감당해야만 하네.

최근에 에레나 무어만(Erna Moorman)이 여기에 덧붙여 3절 가사를 쓴 것이 매우 반가웠다. 이로 인해 이 찬송가가 성경 말씀에 더욱 부합되는 느낌을 가지게 되었다.

> 우리가 외로움의 골짜기를 걸을 때
> 우리는 그 길을 혼자 걷는 것이 아니라네.
> 그 이유는 하나님이 그의 아들을 보내셔서
> 우리와 함께 걷게 하시기 때문이라네
> 우리는 그 길을 혼자 걷는 것이 아니라네.[3]

"우리에게 있는 대제사장은 우리의 연약함을 동정하지 못하실 이가 아니요 모든 일에 우리와 똑같이 시험을 받으신 이로되 죄는 없으시니라"(히 4:15). 이것이야말로 우리에게 소망과 치유의 근거를 마련해 주는 확실한 약속이다. 하나님께서 우리의 연약함을 아시고 보살피실 뿐만 아니라 온전히 우리의 연약함을 이해하신다는 사실이야말로 우리의 손상된 감정들을 치료하는 데 있어서 가장 중요한 치료법이 된다.

Healing
for
Damaged Emotions

PART 2

'자존감이 낮은 그리스도인'도
치유가 필요하다

"끝으로 너희가 주 안에서와 그 힘의 능력으로 강건하여지고 마귀의 간계를 능히 대적하기 위하여 하나님의 전신 갑주를 입으라 우리의 씨름은 혈과 육을 상대하는 것이 아니요 통치자들과 권세들과 이 어둠의 세상 주관자들과 하늘에 있는 악의 영들을 상대함이라 모든 기도와 간구를 하되 항상 성령 안에서 기도하고 이를 위하여 깨어 구하기를 항상 힘쓰며 여러 성도를 위하여 구하라"(엡 6:10-12, 18).

"이는 우리로 사탄에게 속지 않게 하려 함이라 우리는 그 계책을 알지 못하는 바가 아니로라"(고후 2:11).

<u>4</u>

사탄의
치명적 무기

'자신을 쓸모없는 사람이라고 여기는 순간'을 공략하다

사탄에 관한 성경적 모습은 세속적인 생각과는 꽤 다르다. 성경
에 나오는 사탄은 뿔이 달리고 꼬리가 달리고 갈퀴를 손에 들고 빨
간색 속옷을 익살스럽게 받쳐 입고 만화에 등장하는 것 같은 우스꽝
스러운 동물이 아니다. 오히려, 사탄은 영리하고 꾀가 많고 위험한
대적이다(벧전 5:8).

사탄은 영의 세계에 속해 있는 존재이므로 우리의 연약함을 알

고 있다. 그는 우리의 연약함을 이해하고 우리를 대적하는 수단으로 그것을 악용한다. 성경은 사탄의 능력에 대해 말하는 것 이상으로 그의 놀라운 교묘함과 술수와 속임수에 관해 언급한다. 그는 영리한 꾀와 묘안과 전략과 계획을 사용한다. 그는 우리가 신앙생활을 하면서 실망과 낙망과 실수와 포기를 하게끔 우리의 약점을 들추어내는 방법을 알고 있다. 그는 우는 사자와 같이 삼킬 자를 찾아다니며 배회하는 자로 묘사된다(벧전 5:8).

사도 바울은 우리의 싸움이 어두움에 속한 악의 세력에 대한 것이라고 기록했다(엡 6:12). 그러므로 우리가 쉽게 공격을 받고 속임을 당하는 것은 어두움 안에서 이루어진다.

사탄의 가장 치명적 무기, 낮은 자존감

사탄의 병기고에 있는 가장 강력한 무기 중 하나는 심리적인 무기이다. 두려움과 의심이 이에 속한다. 분노, 악심, 걱정 그리고 죄책감도 물론 여기에 해당된다. 오랫동안 지속되는 죄책감은 떨쳐 버리기가 매우 어렵다. 그것은 그리스도인이 하나님의 용서에 대한 약속을 믿고 용서받는 은혜를 체험한 후까지도 계속 남아 있는 것 같다.

자신을 정죄하는 불안감이 마치 로스앤젤레스의 매연과 안개처럼 많은 그리스도인의 머리 위에 내려 앉아 있다. 사탄은 그리스도인들에게 사용하는 가장 강력한 심리적 무기인 정죄와 불안감은 인간에게 패배를 준다. 이 무기는 치명적인 미사일과 같은 효과를 지니고 있다. 이를 우리는 낮은 자존감(low self-esteem) 이라고 부른다.

사탄의 가장 무서운 심리적 무기는 열등감과 자신을 무가치하게 여기는 감정들이다. 놀라운 영적 경험과 믿음과 하나님의 말씀에 대한 지식이 있음에도 불구하고 이러한 감정들이 많은 그리스도인을 속박한다. 그들은 자신이 위치적으로 하나님의 자녀가 되었다는 것을 이해함에도 불구하고, 무서운 열등감에 의해서 꽁꽁 묶여져 있고 깊은 무가치의 쇠사슬에 얽매여 있다.

사탄은 다음의 네 가지 방법으로 모든 정서적, 심리적인 무기 중 가장 치명적인 무기인 낮은 자존감을 사용한다. 그것은 우리의 생활을 패배와 실패로 이끌어 간다.

낮은 자존감은 잠재력을 마비시킨다

나는 내가 사역해 온 사역처에서 열등감이 사람들에게 미치는 무시무시한 영향력을 보았다. 인간의 잠재력에 대한 비극적인 손실과 물이 밑바닥으로 새나가는 것과 같은 삶, 못쓰게 된 은사들, 진짜 금광과 같은 인간의 능력과 가능성이 새나가는 것들을 목격해 왔다. 그리고 나는 마음속으로 울었다.

하나님께서도 그것을 보시고 우시는 것을 아는가? 하나님은 매우 슬퍼하신다. 하나님께서는 낮은 자존감으로 인해 당신의 잠재력이 마비된 것을 보고 눈물을 흘리신다. 우리 가운데 많은 사람이 이 문제로 인해 씨름해야만 하는 것으로 보아 그것으로 인해 치르는 대가가 매우 크다는 것을 알 수 있다. 자신에 대한 불신과 자신이 누구이며 자신이 어떤 사람이 되어야 마땅한가라는 문제를 놓고 계속 실망하던 사람들이 문제를 완전히 이기는 경우는 극히 드물다.

낮은 자존감은 아기 침대에서부터 갖기 시작해 유치원 시절까지 연결되고 십대에 들어서는 더욱 심해진다. 성년이 되면 이러한 문제는 자욱한 안개가 뒤덮이는 것과 같이 그들 마음속에 머무르게 된다. 어떤 때는 안개가 조금 걷히는 것 같으나 다시 돌이켜 안개가 그를 삼켜 버리고 그는 안개 속에 다시 푹 빠지게 된다.

불행히도 이러한 문제가 그리스도인들 가운데 전염병과 같이 유행하고 있다. "사탄의 심리적 싸움"이라는 제목의 테이프에서 기독교 심리학자인 제임스 돕슨(James Dobson)은 많은 숫자의 여성을 대상으로 실시한 설문에 관해 말했다. 그들은 대부분이 기혼자로서 건강 상태가 매우 양호하며 행복감을 느낀다. 그들의 표현에 의하면 훌륭한 자녀들이 있고 경제적 안정도 누린다고 했다. 그 설문조사에서 돕슨 박사는 우울증을 초래하는 열 가지 원인들을 쭉 나열했다. 그는 기혼 여성들에게 나열한 열 가지 원인들이 그들의 생활 가운데 미치는 영향력을 살펴보고 우울증의 가장 큰 원인이 되는 순서대로 번호를 매겨 보라고 했다. 그가 내어 준 열 가지 내용은 아래와 같다.

1. 낭만적인 사랑이 결핍된 결혼 생활

2. 시댁이나 처가 식구들과의 갈등

3. 낮은 자존감(low self-esteem)

4. 자녀들과의 문제

5. 경제적 어려움

6. 고독감, 격리감, 지루함

7. 성생활의 문제점들

8. 건강 문제

9. 피로감과 조급함

10. 나이를 먹는것

우울증을 가져오는 주요한 원인이 되는 것부터 그 순위를 정하
도록 했다. 다른 원인들보다도 앞의 순위를 차지한 것이 무엇인가?
낮은 자존감(low self-esteem)이다. 기독교인 기혼 여성들 중에서 50퍼
센트가 이것을 1순위로 표시했고, 80퍼센트가 2순위 혹은 3순위로
표시했다. 감정적, 영적 잠재력이 낭비되고 있다는 것을 볼 수 있지
않은가? 이 여성들은 자신의 가치를 크게 느끼지 못하는 좌절감에
빠져 있었다. 그리고 그것이 주요 원인이 되어 우울증과 싸우고 있
었던 것이다.

예수님은 달란트 비유를 말씀하셨다. 한 달란트를 받은 사람은
두려움과 스스로 적합지 못하다고 느끼는 감정에 의해서 아무 행동

도 하지 못했다. 실패할까 봐 두려워서 그의 달란트를 투자하지 않고 그것을 땅에 묻어 버림으로써 안전하게 지내려고 했다. 그의 삶은 고정된 자산과 같았다. 주인으로부터의 거부감에 대한 두려움, 실패에 대한 두려움, 투자를 하는 다른 두 사람과의 비교 의식에 따른 두려움, 그리고 모험을 하는 것에 대한 두려움 때문에 고정되어 버렸다. 그는 자존감이 낮은 많은 사람처럼 아무것도 하지 않았다.

그것이 바로 사탄이 그리스도인을 향해 소원하는 일이다. 그는 당신을 그러한 감정으로 묶어 놓고 움직이지 못하게 하고 고정시키고 마비시켜서 당신이 잠재력을 발휘하지 못한 채 살게 만든다.

낮은 자존감은 꿈(이상)을 파괴시킨다

옛부터 전해 내려오는 다음과 같은 말을 들은 적이 있을 것이다. "신경쇠약자들은 공중누각을 짓는 사람들이고, 정신병자들은 그리로 이사를 가는 사람들이고, 정신과 의사들은 그 집에서 임대료를 받는 사람들이다!"

내가 말하려고 하는 것은 공상이나 비현실적인 환상의 세계가 아니다. 우리는 꿈속에서 살 수 없고, 꿈에 의존해서도 살 수 없다. 그러나 꿈을 가지고 그것에 의해서 살 수 있다. 오순절의 특성 중에 하나는 요엘이 예언했고 사도행전에서 그 예언이 성취되었듯이, 성령이 부어졌을 때 젊은이는 환상을 보며 늙은이가 꿈을 꾸게 될 것이다(행 2:17).

성령님께서는 우리가 담대한 꿈을 꿀 수 있게 도와주시며 하나님이 우리 안에서 우리를 위해, 특히 우리를 통해 이루시기 원하는 것이 무엇인지에 관한 이상을 보게 하신다.

"묵시(꿈 혹은 이상)가 없으면 백성이 방자히 행하거니와"(잠 29:18). 그렇다. 당신에 대한 잘못된 이상과 스스로 열등하고 무엇이든지 잘하지 못하는 가치 없는 존재로 여기는 것은 당신의 삶을 통해 그의 위대한 계획을 성취하지 못하도록 하기 위함이다.

신명기 13-14장에 이러한 좋은 예가 있다. 하나님께서는 자기 백성을 향한 담대하고 아름다운 이상을 가지고 계셨다. 하나님은 그들의 마음속에 젖과 꿀이 흐르는 약속의 땅에 대한 이상을 심어 주시고 그 땅을 그들이 차지할 것에 대한 약속을 하셨다.

그 약속을 이루시기 위해서 하나님께서 그들을 약속의 땅과 근접한 곳에까지 인도하셨다. 주님께 명령을 받은 모세는 그 땅을 탐지하고 돌아올 정탐꾼을 파송했다. 역사상 처음으로 언급된 가나안 정보부(CIA: Canaan Information Agency)였다. 모세는 각 지파로부터 가장 훌륭한 사람들을 대표로 선정했다. 그리고 그는 가나안의 사정을 잘 파악해 하나님의 이상과 약속을 실현시켜 보려고 했다. 어쨌든 모든 대표단들은 그 사실에 대해 동의했다.

"그곳은 놀라운 땅이야. 저 과일 좀 봐. 우리는 저런 포도송이와 석류 열매는 본 적이 없어. 이제까지 먹어 본 것 중 제일 달아!"(민 13:23 참조).

"그런데 그곳엔 힘이 센 거인들이 살고 있지. 그리고 도시는 정말로 도시라기보다는 요새라고 말할 수 있어. 네피림이라는 아낙 자손들이 살고 있는데 그들의 눈에는 우리가 메뚜기 같단 말이야"(민 12:31-33 참조).

자신을 메뚜기로 본다는 것은 자의식이 매우 좋지 않다는 것을 뜻한다. 사절단들은 두려움에 의해 울기 시작했다. 여호수아와 갈렙만이 다른 보고를 했다. 그들도 마찬가지로 그 모든 사실을 인정했다. 그들도 꼭 같은 것을 보았다. 그러나 그들은 그 의미를 다르게 받아들였기 때문에 다른 결론을 내릴 수 있었다. 갈렙의 마음이 그들과 달랐기 때문이었다(민 14:24).

여기에서 우리는 해답을 찾을 수 있다. 갈렙은 열등감에 파묻힌 사람이 아니었다. 갈렙과 여호수아는 자신들의 가치를 메뚜기처럼 형편없는 존재로 보지 않았다. 그들은 말하기를 "그 사람들이 거인이라는 것은 사실이야. 그러나 그들을 두려워하지 말자. 주께서 우리와 함께하셔"라고 했다.

나는 갈렙과 여호수아가 사용했던 히브리 속어를 좋아한다. "그들은 우리의 밥이다. 그들의 키가 얼마나 큰가에 상관없이 우리는 밥처럼 먹어 버릴 수 있다. 그리고 이것이 우리를 향한 하나님의 뜻이기 때문에 이렇게 할 수 있다. 그것은 하나님의 이상이다. 그는 우리 안에서 우리를 통해서 그 이상을 이루기 원하신다. 그가 우리의 꿈을 우리에게 주시며, 우리의 땅을 우리에게 주실 것이다"(민 14:8-10 참조).

하나님의 위대한 꿈, 즉 그분이 자기 백성을 애굽의 노예로부터 건지시고 구원하신 모든 목적이 우회(迂廻)되었고, 비참한 40년 간의 기간이 광야에서 지체되었다. 하나님의 꿈은 신경쇠약자들의 공중누각이 아니다. 그것은 실제였고, 과일과 꿀, 땅과 도시들, 모두 하나님께서 그들에게 주시기 원했던 것이며 그들이 얻을 수 있었던 것이다. 꿈이 실현될 찰나였고, 하나님이 거기에서 기다리고 계셨다. 그러나 그들은 자신의 낮은 자존감 때문에 그 땅을 정복하지 못했다. "우리는 메뚜기들 같아." 그들은 자신들이 하나님의 자녀라는 사실을 잊어버렸다. 그들은 자신의 신분과 능력을 망각해 버렸다.

오늘날 우리에게 이 메시지가 얼마나 필요한가! 우리는 두려움에 쌓여서 자기를 비천하게 만드는 것이 마치 성화되는 일처럼 오해한다. 우리는 경건한 모습으로 위장된 자기 멸시를 일컬어 헌신이나 자신을 십자가에 못 박는 것으로서 부르는 경우가 있다.

이제 우리는 담대한 꿈을 가져야 할 때이다. 이제는 우리가 하나님의 증거를 더욱 강하게 세상에 전파해야 할 때이다. 우리를 후퇴하게 만드는 것이 무엇인가? 비판을 받는 것이 두려운가? 모험을 하는 것이 두려운가? 혹은 전통적인 것 때문에 두려워하는가? 아니면 사람들을 두려워하는가? 우리의 낮은 자존감 때문에 세상을 향한 하나님의 꿈을 파괴시키고 있다. 우리 각 사람은 하나님의 몸의 지체이기 때문에 내가 잘못되었을 때 그것은 전체에게 영향을 미친다.

당신의 꿈은 어떠한가? 하나님께서 당신에게 보여 주신 비전은 무엇인가? 무엇이 그것을 파괴시켰는가? 당신의 죄나 허물이나 습관들 때문인가? 과연 그런 이유일까? 혹시 당신의 이상이 지연되고 파괴된 것은 사탄이 당신을 메뚜기나 벌레로서 생각하도록 속였기 때문은 아닌가. 그 결과로 당신은 하나님 자녀로서의 충분한 잠재력을 발휘하지 못하고 있다. 당신은 두려움과 의심과 열등감과 불충한 느낌으로 가득 차 있다.

최초의 개신교 선교사로 인도에 갔던 윌리엄 캐리(William Carrey)에게 꿈이 없었더라면 그가 무슨 큰 일을 이룰 수 있었겠는가? 그는 이와 같이 표현했다. "하나님께로부터 큰 것을 기대하라. 하나님을 위해서 큰 것을 시도하라." 이와 같은 종류의 신성한 꿈이 당신이 소유한 낮은 자존감으로 인해 파멸되고 만다. 하나님이 당신을 통해서 하시고자 원하시는 것을 과소 평가하는 것은 믿음이 없는 처사이다.

낮은 자존감은 대인관계를 해친다

하나님과의 관계를 생각해 보라. 만약 스스로를 열등하거나 가치없는 사람으로 여긴다면 아마 하나님이 당신을 사랑하지 않고 돌보지 않는다는 생각을 자연적으로 하게 될 것이다. 그러한 생각으로 인해 마음속에는 하나님과의 관계를 혼란스럽게 하는 의문과 원망이 생기게 된다.

'결국 내가 이렇게 된 것이 어느 정도는 하나님의 잘못이 아닌가? 하나님이 나를 이렇게 만들었지. 하나님은 나에게 좀 다르게 대해 주셨을 수도 있었을 텐데. 그러나 그렇게 하지 않으셨어. 하나님이 다른 사람들은 사랑하시고 여러 가지 많은 것을 그들에게 주셨는데 나에게는 진정 관심이 없으신 것인지도 몰라.'

그러나 이미 만들어진 옷에 대해 불평하기 시작한다면 얼마 안 가서 곧 그 옷을 만든 사람을 원망하게 될 것이다. 이렇게 해서 하나님에 대한 나쁜 생각이 당신의 머릿속에 스며들게 된다. 마침내 당신과 하나님과의 관계에는 금이 가게 된다.

낮은 자존감은 또한 다른 사람들과의 관계에도 해를 끼친다. 사탄은 우리가 계속 열등감을 갖고, 스스로 부족하도록 느끼게 해서 다른 사람으로부터 고립되게 만든다. 이렇게 되는 데는 그럴 만한 이유가 있다. 대개 사람들이 열등감을 처리하는 수단으로 스스로를 위축시키고 가능한 사람들과의 접촉을 회피하려 든다. 그리고 이 세상 일들이 돌아가는 것을 바라만 본다. 예수님께서는 우리에게 나와 이웃을 사랑하라고 명령하셨다. 그리스도인이 건전한 자아상을 가지는 것이야말로 기독교적 윤리와 대인관계에 있어서 기초적인 요소가 된다는 것을 암시한다.

누가 가장 함께 지내기 어려운 사람인가? 자신을 싫어하는 사람이다. 그들은 자신을 싫어하기 때문에 다른 사람을 싫어하게 되고 결국 누구와도 함께 지내기가 어렵다. 낮은 자존감은 내가 알고 있는 다른 어떤 것보다도 대인관계를 저해하는 요소가 되고 있다.

낮은 자존감을 가진 사람은 스스로 할 수 있는 일이 없기 때문에 다른 사람에게 의존하게 된다. 스스로 부족하고 불충분하다고 생각하기 때문에 자신감을 줄 수 있는 대상(남편, 아내, 자녀, 친구, 이웃 등)을 찾아다닌다. 당신은 선택해야만 한다. 의심과 적대감을 품고 살겠는가, 아니면 공손히 매달리겠는가? 하나님은 우리가 개성을 가지고 활짝 핀 꽃과 같이 되어 그의 동산에서 화려하고 아름답게 제 몫을 담당하길 원하신다.

낮은 자존감은 사역에 방해가 된다

그리스도의 몸으로서 지어진 우리 각 사람이 지체의 역할을 감당하지 못하게 하는 가장 큰 장애물은 무엇인가? 우리가 교회에서 누구에게 무엇을 하라고 요청했을 때 사람들이 제일 먼저 하는 말이 무엇인가?

- "주일 학교에서 봉사해 주세요!"
  "나는 사람들 앞에 설 수가 없어요."
- "여성 모임 혹은 남성 모임에서 간증을 좀 해 주시지 않겠어요?"
  "아, 나는 못합니다."
- "전도 모임에 참여해 주세요!"
  "두려워서 절대로 못해요."
- "성가대로 섬겨 주세요!"

"메리에게 부탁해 보세요. 그 자매가 저보다 목소리가 좋아요."

목회자들은 '이유'라는 급류에 떠내려갈 지경에 놓인 것 같다. 사람들은 하나님의 일을 못하는 이유를 항상 댄다.

"목사님, 저는 혀가 굳은 사람이라 많은 사람 앞에서 말하는 것이 어려워요. 그러나 제가 다른 일은 할 수 있어요."

각 사람은 할 수 있는 일과 없는 일이 있다. 그러므로 우리는 그리스도의 몸 안에서 각 사람에게 주어진 은사대로 자기의 역할을 담당하게 된다.

하나님께서는 하나님 나라 사역을 위해서 슈퍼스타들을 택하시지 않는다. 모세로부터 시작해 엄마 치마폭에서 자란 아기에 이르기까지 성경을 샅샅이 검토해 보라. 모세는 기회만 있으면 하나님께 자신이 말 더듬이라고 했다. 마가는 바울과 바나바와 동행하다가 도중에 도망쳤다. 하나님이 택하신 자들은 육체를 따라 지혜 있는 자가 많지 아니하며 능한 자가 많지 아니하며 문벌 좋은 자가 많지 아니하다고 사도 바울은 말했다. 하나님께서는 약점과 연약함을 가진 사람들을 부르셔서 그들에게 할 일을 주시고 그에 따르는 충분한 은혜를 공급하신다. 하나님이 부르신 이 무리들 가운데는 지혜 있는 자가 많지 않고 문벌 좋은 자가 많지 않고 슈퍼맨이나 원더우먼(Wonder Woman)도 많지 않다(고전 1:26-31).

문제는 우리의 약점들을 통해서 하나님의 능력을 나타내시려는 놀라운 기회가 우리의 낮은 자존감 때문에 유실되고 만다는 것이다. 사도 바울은 "그러므로 나의 여러 가지 약한 것들에 대해 자랑하리니"라고 말했다. 그 이유는 무엇인가? 그것이 하나님의 온전하심을 나타내실 수 있는 놀라운 기회를 제공해 드렸기 때문이다(고후 12:9-10). 하나님께 기회를 드려 보지도 않고 자신을 과소평가하는 것은 하나님의 일을 방해하는 가장 큰 잘못이다.

인도 부락에서 열린 바자회에 관한 이야기를 기억하는가? 모두가 사고 팔 물건들을 가지고 왔다. 한 농부가 메추라기 한 떼를 가져왔다. 그리고 새마다 발목에 줄을 매었다. 중앙에 막대기를 세운 동그란 쇠에다 모든 줄의 한 끝을 묶었다. 그리고 메추라기들은 원형 안에서 마치 노새들이 당밀 제분소에서 계속 뻥뻥 도는 것같이 슬프게 돌면서 걷고 있었다. 독실한 브라만이 도착하기 전까지는 아무도 메추라기를 사려고 하지 않았다. 그는 모든 생명을 귀중하게 여기는 힌두교인이었기 때문에 그에게는 이 조그마한 불쌍한 동물들을 측은히 여기는 마음이 있었다. 그 브라만은 메추라기의 가격을 묻고 그 상인에게 이렇게 말했다.

"내가 그것들을 다 사겠소."

그 상인은 기분이 좋았다. 돈을 받은 후에 그 브라만이 이렇게 말하는 것을 듣고 깜짝 놀랐다.

"자, 이제 그 새들을 다 놓아주시오."

"뭐라고요, 선생님?"

"내가 말하지 않았소. 새 발목의 줄을 끊고 그들을 놓아주란 말이오. 그 새들을 모두 자유롭게 해 주시오."

그 농부는 칼로 메추라기 다리의 줄을 끊고 그 새들을 풀어 주었다. 무슨 일이 벌어졌을까? 그 메추라기 떼들은 계속 원형에서 돌고 있었다! 결국 그는 새들을 억지로 날려 보내야만 했다. 어느 정도 멀리 떨어진 곳에 앉은 후에도 그 새들은 행진을 다시 시작하고 있었다. 속박에서 벗어난 자유로운 몸인데도 불구하고 여전히 묶여 있는 것처럼 원형을 계속 돌고 있었다.

당신은 이 이야기에 나오는 새의 모습과 같지 않은가? 죄로부터 자유하게 되고, 용서받은 하나님의 자녀가 되었지만 자신을 벌레나 메뚜기로 생각하고 있지 않은가? 낮은 자존감은 사탄의 치명적인 심리적 무기이다. 그리고 낮은 자존감이 당신에게 두려움과 무가치함을 느끼게 하는 감정의 악순환을 계속적으로 경험하게 할 것이다.

"보라 아버지께서 어떠한 사랑을 우리에게 주사 하나님의 자녀라 일컬음을 얻게 하셨는고, 우리가 그러하도다 그러므로 세상이 우리를 알지 못함은 그를 알지 못함이니라 사랑하는 자들아 우리가 지금은 하나님의 자녀라 장래에 어떻게 될 것은 아직 나타나지 아니하였으나 그가 나타내심이 되면 우리가 그와 같을 줄을 아는 것은 그의 계신 그대로 볼 것을 인함이니"(요일 3:1-2).

5

자존감이 낮은
사람을 위한 치료 1

하나님 관점에서 자아상을 재조정하라

수년 전에 유명한 성형 외과 박사 맥스웰 몰츠(Maxwell Maltz)가 쓴 *New Faces-New Futures*(새로운 미래를 소유한 새로운 얼굴)이란 책이 베스트셀러로 인기를 누렸다. 얼굴 성형 수술을 받은 사람들에게 새로운 생의 문이 열렸다는 개인의 경험담을 모은 책으로, 한 사람의 얼굴에 변화가 생겼을 때 놀랍게도 성격의 변화가 동반되었다는 것이 저자가 다룬 주제였다.

그러나 세월이 지남에 따라 몰츠 박사는 또 다른 사실을 배우기 시작했다. 그가 경험한 성공적인 경우들이 아니라 실패한 경험들을 통해서였다. 그는 얼굴 성형 수술을 받은 환자들 가운데 많은 사람이 수술 후에도 변화되지 않는 것을 보게 되었다. 그저 보통 정도의 얼굴이 아닌 실제로 아름답게 된 사람들이 계속 자신을 못생긴 오리라고 생각하며 행동하고 있다고 했다. 그들의 얼굴은 변화되었지만 변화되지 않은 옛 성격을 계속 간직하고 있었다. 더 어려운 문제는 그들이 거울을 들여다보고는 의사에게 화를 내며 이렇게 소리치는 것이었다.

"내 모습이 예전과 꼭 같아 보이는군요. 의사 선생님은 내 얼굴을 전혀 고치질 못했어요."

사실상 친구들이나 가족들이 그들을 거의 알아보지 못할 정도인데도 불구하고 그런 말을 했다. 성형 수술을 받기 전과 후의 사진들을 대조해 보았을 때 확연히 달라졌음에도 불구하고 몰츠 박사의 환자들은 계속 이렇게 우겨댔다.

"내 코는 예전과 마찬가지에요."

"내 뺨의 뼈가 하나도 달라지지 않았어요."

"선생님은 내게 전혀 도움을 주지 못했어요."

1960년 몰츠 박사는 *Psycho-Cybernetics*(정신 두뇌 공학)라는 책을 써서 인기를 얻었다. 그는 불쑥 나온 턱뼈를 고친다든가 외모를 잘 다듬는 것으로가 아니라 사람들이 스스로 자신에 대한 자아상의 변화를 경험하도록 도와줌으로써 사람들을 변화시키려고 아직도 노력하고 있다.

몰츠 박사에 의하면 마치 각 사람마다 얼굴이 있듯이 우리의 성격도 얼굴이 있다고 한다. 그리고 이러한 성격이 갖는 얼굴이야말로 변화에 대한 열쇠가 된다는 것이다. 만일 그 얼굴이 상처 난 대로, 삐뚤어진 대로, 미운 모습 그대로, 열등감을 가진 그대로 있으면 그 사람은 그 외모의 변화와는 상관없이 자신의 역할을 계속하게 된다는 것이다. 과거의 감정적 상처들이 제거될 수만 있다면 그 사람은 변화될 수 있다.

우리는 이 사실을 다른 사람들의 경우나 자신을 통해서 확인할 수 있다. 우리는 각 사람의 자아상이 그의 행동과 태도를 좌우하며 특히 다른 사람과의 관계에 영향을 준다는 놀라운 사실을 발견할 수 있다.

마리의 예를 들어 보자. 마리의 남편 짐은 아내가 예쁘다고 생각했다. 그들 부부가 내게 찾아오기 전에 그가 나에게 그렇게 말했다. 내가 그녀를 보았을 때 나도 그의 말에 동의했다. 짐은 다른 사람 앞에서도 아내를 칭찬했고 아내 마리에게도 그녀가 아름답다고 늘 말해 주었다. 그는 아내에게 예쁜 옷을 사 주기를 즐겨했고 그러한 선물들이 그녀를 더욱 아름답게 돋보이도록 했다. 모든 아내의 마음속 깊은 곳에는 남편으로부터 이러한 것을 받고 싶어 하는 마음이 있다. 그러나 마리의 경우는 달랐다. 그녀에게는 남편으로부터 받은 찬사가 문제의 원인이 되고 있었다. 그 이유는 마리가 스스로 느끼는 잘못된 자아상 때문이었다. 그녀는 남편 짐이 본 것과는 정반대의 자아상을 가지고 있었다.

"당신은 내게 과장된 말만 하고 있는 거예요." "당신의 말은 실제로 그런 의미가 아니에요." 그녀는 말하곤 했다.

그때마다 짐은 마음에 상처를 입게 되고 좌절감을 느끼곤 했다. 짐이 그녀를 아름답다고 말하는 것이 진심임을 마리에게 확신시키려고 노력하면 할수록 그들 사이에는 더 큰 장벽이 생기게 되었다.

"나는 내 모습이 어떤지 알아요." "거울에 내 자신을 비추어 볼 수 있거든요. 당신은 그런 식으로 실제가 아닌 것을 꾸밀 필요가 없어요. 왜 당신은 내 모습 그대로를 사랑할 수 없나요?" 그들의 대화는 이런 방향으로 향했다.

마리의 자의식 가운데는 하나님이 주신 아름다움이란 선물에 대해 감사할 수 없는 어떤 것이 자리 잡고 있었다. 그것 때문에 그녀는 실제를 그대로 보지 못하고 있었다. 가장 어려운 것은 그로 인해 그녀의 성실한 남편과 아름다운 사랑의 관계가 발전되지 못하고 있다는 점이었다.

자아상 혹은 자아 개념이란 무엇을 말하는가? 우리의 자아상은 우리에 관해 수집한 우리의 모습과 감정들을 종합해 놓은 것을 의미한다. 자신에 대한 영상과 감정이 엉켜 있는 사실을 나타내기 위해서 나는 다음과 같은 복합어를 사용한다. 그 복합어는 느낌과 개념(feeling-concepts)의 관계 혹은 개념과 느낌(concept-feelings)의 관계라는 단어들이다. 자아 개념이란 자신이 생각하는 영상과 감정적인 느낌을 모두 포함하고 있다. 우리는 자신에 관해서 느낌으로부터 오는 개념과 개념으로부터 오는 느낌을 전체적으로 다 가지고 있다. 이것이 당신의 성격 형성에 있어서 핵심적인 부분을 차지한다. 사람의 마음과 생각에 관한 가장 적절한 성경 말씀이 여기에 나타나 있다. "대저 그 마음의 생각이 어떠하면 그 위인도 그러한즉"(잠 23:7).

우리의 성격 가장 밑바닥 중심에서 스스로를 어떻게 바라보며 어떻게 느끼느냐에 따라서 우리가 어떤 사람이라는 것이 결정된다. 우리가 보고 느끼는 것에 의해서 다른 사람들과의 관계와 하나님과의 관계가 결정된다.

이러한 사실이 십대들에게 있어서는 결정적인 중요한 요소가 된다. 그 이유는 그들에게 무엇보다 중요한 것은 그들이 주님 안에서 양육되고 성숙되어 감에 따라 훌륭하고 건전한 그리스도인으로서의 자아상이 그들 속에 형성되기 때문이다.

그리스도인이며 전문 상담가인 머리스 와그너(Maurice Wagner) 박사는 그의 훌륭한 저서 *The Sensation of Being Somebody*(가치 있는 사람이 된 느낌)[4]에서 건전한 자아상을 구성하는 세 가지 기본적인 요소를 다음과 같이 설명했다.

첫 번째 요소는 사랑을 받고 있다는 소속감이다. 이것은 누군가 자신을 원하며, 용납하며, 돌보아 주며, 즐기며, 사랑한다는 것을 단순히 느끼는 것이다. 나는 개인적으로 우리가 출생 전에 이러한 느낌을 갖기 시작한다고 믿는다. 내가 마음속에 깊은 상처가 있는 사람들과 상담을 하면서 확신하게 된 사실이 있다. 즉, 그들 속에 느끼고 있는 거부감의 근원이 출생 전 그들의 부모들이 가졌던 잘못된 태도로부터 나왔다는 점이다. 원하지 않는 아이를 가졌을 때, 그 어머니의 배 속에 있는 아이는 소속감을 거의 누리지 못하게 된다.

두 번째 요소는 자신의 가치와 중요성을 느끼는 것이다. 이것은 내적 믿음과 감정을 의미한다. "나는 가치가 있어. 내게는 뭔가 내놓을 만한 것이 있거든."

세 번째 요소는 자신감이다. 이것은 느낌으로부터 오는 생각이다. '나는 이 일을 해낼 수 있어. 나는 어떤 상황에서든지 잘 처신해 나갈 수 있지. 나는 삶에 대한 자신감이 있어 위의 요소들을 모두 한데 묶어 보라. 그리하면 자아 개념 감정을 형성하는 세 쌍의 요소를 얻게 된다. 즉 그것은 와그너 박사가 말하는 소속감과 가치감 그리고 자신감이다.

자아상이 형성되는 근원들

우리의 자아상이 형성되는 네 가지 근원, 즉 네 가지 요소들이 있다. 외부 세계와 내부 세계, 모든 악한 세력을 동반한 사탄과 하나님의 말씀이다. 이번 장에서는 첫 번째 근원인 외부 세계에 관해 살펴보기로 하겠다. 이 외부 세계는 우리의 자아상이 자라나는 기초 토양의 역할을 한다.

당신의 외부 세계란 당신의 성격 형성에 영향력을 주었던 모든 요인들을 포함한다. 유전적인 것과 출생, 유아기, 유년기, 그리고 사춘기를 말한다. 지금 현재에 이르기까지 당신이 통과한 경험이 당신의 외부 세계이다. 당신이 경험한 외부 세계는 당신이 어떤 대우를 받았고, 어떻게 훈련을 받았고, 유년기에 사람들과 어떠한 관계를 맺었는가를 말해 준다. 그것은 주로 당신의 외모나, 가족들이 그들의 얼굴 표정이나 음성의 높낮이, 태도, 말 그리고 행동을 통해서 당신에게 전해 준 메시지들을 반영한다.

위대한 사회 심리학자인 조지 허버트 미드(George Herbert Mead)는 인간이 외부 세계와 갖는 관계를 흥미로운 구절로 묘사했다. 그는 그것을 "자아의 창문"(looking-glass self)이라고 부른다. 갓난아이는 자아에 대한 개념을 거의 가지고 있지 않다. 그러나 성장해 가면서 그는 점차 서로 다른 점을 발견하게 되고 자신에 대한 자아상을 얻게 된다. 그는 그것을 어디서 얻는가? 그것은 그의 삶 가운데 존재한 중요한 다른 사람들(significant others)에 의해서 그들에게 비추어진 영상으로부터 얻는다.

사도 바울은 미드 박사보다 수세기 전의 사람이다. 사랑의 장이라고 불리는 고린도전서 13장의 중심부(9-12절)에 그는 장성하는 것에 대해 말할 때 같은 아이디어를 사용했다.

나에 대한 지식을 포함해서 내 지식은 모두 불완전하다. 내가 어린아이였을 때 나는 어린아이처럼 말하고 생각하고 변론했다. 내가 성장한 후에 나는 어린아이의 방법을 버렸다. 그럼에도 불구하고 나는 나를 볼 때 오직 영상만을 볼 수 있는 거울을 통해서 나를 본다. 그러나 어느 날 완전히 알게 될 것이다. 그러면 나는 하나님을 실제로 얼굴과 얼굴을 대하듯이 볼 것이다. 지금은 내가 부분적으로 아나 그때는 나 자신을 그가 나를 안 것처럼 완전히 이해하게 될 것이다. 지금은 내가 내 자신을 거울을 통해서 어둡고 침침하게 보기 때문에 부분적으로만 이해한다.

어린아이의 특징 중 하나는 사물을 부분적으로 알고 이해한다는 것이다. 성숙한 사랑 가운데로 성장했다는 것은 어떤 의미에서 얼굴과 얼굴을 대하듯 완전한 이해에 도달했다는 뜻이다. 우리에 대한 영상과 느낌은 주로 가족들이 비추어 준 영상과 느낌으로부터 온다. 우리는 그들이 사용하는 표현을 지켜보고 그들이 사용하는 목소리의 높낮이를 듣고 그들의 행동을 보는 것을 통해서 그 영상과 느낌이 전달됨을 안다. 이렇게 우리에게 비추어진 영상과 느낌은 현재 내가 어떠한 인격의 소유자인가를 말해 줄 뿐 아니라 미래에 어떻게 될 것인가도 말해 준다. 우리에게 반사된 영상이 점차로 우리의 일부가 됨에 따라 우리는 가족들의 창문을 통해서 우리가 본 형태의 인격을 스스로 받아들이게 된다.

여러분은 놀이 공원에 가서 거울로 둘러싸인 거울의 집에 들어가 본 경험이 있는가? 한곳에 있는 거울에 비친 당신의 모습은 길고 해골 같으며 손이 30cm 이상이나 되어 보였다. 다음 거울을 보니 당신의 모습이 마치 큰 풍선같이 둥글게 보였다. 또 다른 거울은 두 가지가 한데 섞여서 당신의 허리 윗부분은 마치 기린같이 보이는 반면 허리 밑으로는 마치 하마처럼 보였다.

거울을 자세히 들여다보는 것은 재미있는 경험이었다. 특히 당신 옆에 있던 사람에게 그러하다. 그는 당신의 우스꽝스러운 모습을 보고 뒤로 자빠질 뻔했다. 무슨 일이 일어났는가? 거울이 그렇게 만들어졌기 때문에 거울의 굴곡에 따라서 비추어진 당신의 모습을 보게 되었던 것이다.

자, 이제 그 거울들을 당신의 가족에게로 옮겨 보자. 만약 당신의 어머니, 아버지, 형, 오빠, 언니, 누나, 할머니, 할아버지, 그밖에도 당신의 어린 시절에 있어서 중요한 사람들, 그 사람들이 당신 집에 있는 거울을 하나씩 취했다. 그리고 각자가 그들의 방법대로 거울에 굴곡을 만들어 넣은 결과 그 거울들을 통해 당신은 왜곡된 모습을 보게 되었다고 가정한다면 어떤 일이 벌어지겠는가? 당신은 얼마 안가서 가족들의 거울들을 통해서 보았던 것과 같은 모습으로 변해 가고 있을지도 모른다. 얼마 후에 당신은 그 거울들에 계속 나타났던 자기 영상에 맞는 식대로 사람들과 이야기하고 행동하고 관계를 맺기 시작할 것이다.

우리는 수련회 때 "마음 문을 여는 시간"이라는 순서를 가진다. 그때 사람들은 그들의 가장 깊은 사실까지도 공개적으로 나눈다. 그 시간에 사회자는 이와 같은 질문을 한다. "당신이 예수 그리스도를 위해 최선의 삶을 살지 못하게 방해하는 것이 무엇입니까?"

어느 날 밤에 목사님 한 분이 속마음을 나누기 위해 일어섰다. 그는 40대 초반으로 잘 생기고 혈기 왕성한 성공적인 분이었다. 그는 크게 성장하고 있는 교회의 담임목사였다. 그러나 그의 마음속에는 자신이 적합하지 못하다는 계속적인 두려움이 있었다. 또한 항상 자신의 열등감과 투쟁하고 있다는 것을 고백했다. 그는 사람들이 자기에 대해서 말하는 것을 너무 예민하게 받아들였고, 누가 조금만 비난을 해도 완전히 굳어 버리는 자신을 발견했다. 두려움 때문에 그는 하나님께서 자신을 인도하신다고 생각하는 창조적인 사역에 발을 내딛지 못하고 있었다.

마음 문을 여는 시간이 지난 후에 어떤 한 교회 지도자가 이렇게 말했다. "글쎄요, 그 목사님이 그런 말을 하신다는 것은 전혀 상상이 안 갑니다. 그렇게 잘 생기고 그렇게 성공한 분이요. 가정도 훌륭하고, 목회 사역도 대단하구요. 그분의 마음속에 그러한 고민을 지니고 있었다니 상상도 못했습니다."

나는 그 목사님의 가정에 대해서 우연히 알게 되었다. 그가 어렸을 때 아버지로부터 사랑과 관심을 받지 못했다는 것을 알았다. 그리고 그는 아버지가 비추어 준 '거울'을 통해서 자신의 모습을 보며 살았다. 아버지가 자녀를 위해 시간을 내지 않으면 아버지는 자녀에게 이러한 메시지를 전달하는 것이다. "너는 내가 시간을 낼 만큼 중요하지 않아. 내게는 더 중요한 일들이 있지."

그는 아버지로부터 항상 억눌림을 받았고 반면에 그의 어머니는 항상 달콤한 방법과 영적 태도로 그를 도우려고 애썼다는 것을 알게 되었다. 어머니는 아들에 대한 기대감이 무엇인가를 그에게 상기시킨다든지 혹은 재능이 있고 매력적인 누나와 그를 비교하기도 했다. 무관심과 사랑의 결핍, 비난과 비교하는 아주 흉하게 찌그러진 거울들은 그의 자존감을 엉망으로 뒤틀어 놓았다. 그러한 아픔과 상처가 30년 후에 그의 성격에 침투된 병적인 요소로서, 또한 그의 잠재력을 마비시키는 것과 하나님의 일을 하지 못하게 하는 것으로 나타나고 있었다.

이러한 말을 함으로써 내가 마치 비난의 대상을 찾는 것이 아닌가 하는 생각이 든다면 그것은 전혀 나의 의도가 아니라는 것을 밝히고 싶다. 타락한 세상과 불완전한 세상에서 모든 부모들은 완전치 못하게 자녀를 양육하고 있다. 내가 아는 대부분의 부모는 그들이 할 수 있는 최선을 다해 자녀를 양육한다. 불행하게도 아담과 하와 이후의 모든 부모는 자녀들에게 훌륭한 본보기의 역할을 감당하지 못하고 있다. 가인과 아벨은 많은 갈등과 긴장감을 경험했음이 틀림없다. 형이 동생을 죽였던 사실로 미루어 보아 그들의 가정은 불행했음이 틀림없다.

우리 모두가 책임이 있지만, 누가 잘하고 잘못한 것을 캐내려는 것이 나의 의도가 아니다. 오히려 나는 치료가 필요한 부분을 찾아내고 적절한 자존감의 재정립이 요구되는 곳을 발견할 수 있도록 이해와 통찰력을 얻게 해 주려는 것이다.

자신을 위해 새로운 거울을 필요로 하지 않는가? 너무나 많은 십대 청소년들에게 그것이 필요하며, 또한 아이들을 키우는 젊은 부부들에게 그것이 필요하다. 누가 이러한 말을 했다.

"당신의 유년기는 하나님께서 당신의 마음속에 하나님의 성전을 짓는 시기이다. 당신이 성인이 된 후 당신 안에 거하시기 위한 성전을 바로 그때 짓기 원하신다는 것이다."

얼마나 아름다운 생각인가! 아이들의 자아상 형성 과정으로 비유되는 성전의 기초 설계도를 그려 주어야 할 막중한 책임과 특권이 그 부모에게 있다.

만약 어린아이가 스스로 무가치하다고 믿는다면 그는 자기가 말하고 행동하는 것에 대한 가치를 느끼지 못할 것이다. 그 아이에게 자신감을 가질 수 없도록 해 주었다면 그는 자신감이 없는 사람이 될 것이다. 어떤 사람은 아버지가 자신에게 항상 "얘야, 네가 하는 것은 모두가 잘못된 것뿐이구나"라고 한 말이 다른 어떤 것보다 기억에 남는다고 했다.

낮은 자존감이 인격 속에 형성되어진 사람에게는 하나님이 자신을 사랑하신다는 사실이나, 자신을 받아 주신다는 것 그리고 하나님의 나라와 그의 사역을 위해 자신이 쓸모있는 사람이라는 것을 이해하기가 매우 어렵다. 영적 갈등으로 보이는 많은 문제가 그 원인을 살펴보았을 때 전혀 영적인 문제가 아닐 수 있다. 그들이 경험하는 죄의식을 마치 하나님께로부터 온 정죄처럼 생각하기 쉬우나 사실은 자신의 낮은 자존감이 원인이 되어 스스로를 정죄하고 상하게 하는 자신의 느낌과 생각으로부터 오는 것이다.

"하나님의 복숭아", 셜리 이야기

셜리(Shirley)는 신학생의 아내였다. 그녀가 도움을 요청한 것은 스물 다섯살 때였다. 그녀는 마음속으로부터 심한 고통을 쏟아 놓기 시작했다. 결혼 생활에서도 많은 문제가 있었고 직장에서도 많은 긴장감을 가지고 있었다. 사람들과 잘 어울리지 못하기 때문에 직장도 여러 번 옮겨야만 했다. 개인 경건의 시간이나 전도, 기도, 그밖에 하나님을 위한 일에 열심을 내는 것과는 상관없이 그녀는 자신과 하나님과의 관계에 있어서 만족함을 누리지 못했다. 또한 하나님께서 자기를 기쁘게 받으신다는 확신도 누리지 못했다.

시골에서 자라면서 그녀는 부모들로부터 많은 좋은 것을 물려받았다. 안정된 생활과 열심히 일하는 것, 지속적인 훈련, 헌신된 그리스도인의 생활 태도, 그리고 높은 도덕 기준 등이었다. 그녀의 부모는 세상의 소금과 같은 사람들이었다. 그녀는 부모로부터 하나님과 그분의 말씀과 교회에 대한 책임감 있고 성실한 사랑을 배웠다.

그러나 나는 셜리와 함께, 그녀의 부모가 셜리를 위해 최선을 다했지만 그 방법이 잘못됐다는 사실을 발견했다. 그의 부모는 다음과 같은 방법으로 다른 아이들과 비교하거나 조건부적인 칭찬을 셜리에게 해 주었다.

- "셜리, 너는 …할 때 참 훌륭해."
- "셜리, 나는 네가 저 아랫동네에 사는 샐리처럼 되지 않기를 바란다."
- "잘했어, 셜리. 그런데 …."
- "그러나 … 만약에 … 네가 … 할 때 우리는 너를 사랑한다."

너무나 많은 조건이 붙어 있지 않은가! 그러나 셜리는 자라면서 열심히 노력하고 애쓰며 또 그 결과 일을 성취해 나가면서 훌륭하게 자신의 실력을 발휘했다. 그녀는 한 가지 면을 제외하고는 모든 부분에서 아주 훌륭했다.

사춘기를 통과하는 여자 아이들 중에는 '미운 오리 새끼'와 같은 단계를 거치는 이들이 있다. 셜리가 그러한 부류에 속했다. 그녀의 아버지는 딸이 자신의 모습을 스스로 받아들일 수 있도록 도우려 했다. 아버지가 딸을 진정으로 사랑한 것은 사실이나 그는 거듭 반복해서 딸에게 이렇게 말했다.

"얘야, 너도 잘 알다시피 감자에서 복숭아가 나올 수 없지 않느냐."

그녀의 아버지의 생각에는 딸을 도와준다고 한 것이 반대로 그녀의 마음 깊은 곳에 상처를 입힘으로 올바른 자존감을 갖지 못하도록 했다. 그녀는 자신을 땅 속에서 자라는 어그러지고 못생긴 감자와 같은 인간으로 간주하며 성장했다.

셜리와 내가 발견한 사실이 있다. 그녀가 자신을 감자와 같은 사람으로 생각한 것이 그녀의 생활 전체에 영향을 주고 있었다. 그것이 마치 아픈 상처가 드러난 것처럼 그녀에게 예민하게 느껴졌던 것이다. 그녀는 친구들이나 직장 상사, 동료, 혹은 이웃집 사람들이 그녀에게 하는 말들을 모두 잘못 받아들였다. 심지어는 그녀의 사랑하는 남편과 또한 그녀가 믿는 하나님까지도 올바로 받아들이지 못했다.

만약 하나님이 자신을 감자처럼 만드셨다고 생각한다면 어떻게 하나님이 자신을 사랑하신다고 믿을 수 있겠는가? 참 좋은 하나님이 아니지 않는가? 또한 그녀는 남편의 사랑도 받아들일 수가 없었다. 우리는 감자를 먹기는 해도 그 겉모양은 아무 보잘 것이 없다는 것을 잘 알고 있다.

설리가 경험한 상처는 매우 깊었다. 우리는 주님께 의지하며 그렇게 아프게 머릿속에 남아 있는 기억들을 되살리며 그 상처의 치료를 위해서 주님께 나아갔다. 오랜 기간에 걸쳐 상담을 하는 동안 나는 설리의 이름을 부르는 대신 종종 그녀를 "하나님의 복숭아" 혹은 "나의 복숭아"라고 불렀다.

나는 그녀의 자아상을 재조정해 나가야만 했다. 그리고 그녀는 놀랍게도 하나님의 은혜를 받아들이기 시작했다. 그녀는 자신이 하나님의 딸이라는 것을 인식하면서 그 사랑과 은혜에 흠뻑 젖었다. 그녀가 느끼던 모든 감자 자아상은 말끔히 씻겨졌다.

그녀의 경우는 내가 지금까지 본 사람들 중 가장 현저한 변화를 경험한 사람 중에 하나이다. 그녀의 모습 자체가 변했다. 설리가 자신을 귀하게 여기기 시작하면서 그녀는 더욱 매력적으로 변했다. 한걸음 더 나아 가서 그녀가 매력 있는 사람이 되었을 뿐 아니라 다른 사람들과 훌륭한 대인관계를 맺기 시작했다. 그녀는 그리스도인으로서 마땅히 가져야 할 자신의 가치를 인정하는 한 인격체가 되었던 것이다.

몇 년 후 내가 다른 도시에 강사로 초대되었을 때 집회가 끝난 뒤 설리가 내게로 찾아왔다. 그녀는 아주 귀중해 보이고 정말로 아름다운 아기를 팔에 안고 있었다. 나는 그 조그마한 딸아이를 바라보면서 이렇게 말했다.

"셜리, 감자는 이렇게 예쁜 딸을 낳지 못한단다."

그녀는 장난스러운 미소를 지으며 나를 보았다. 그리고 웃으면서 아기에게 "예쁜 복숭아 내 딸, 그렇지?"라고 말했다.

"의인을 위하여 죽는 자가 쉽지 않고 선인을 위하여 용감히 죽는 자가 혹 있거니와 우리가 아직 죄인 되었을 때에 그리스도께서 우리를 위하여 죽으심으로 하나님께서 우리에 대한 자기의 사랑을 확증하셨느니라 그러면 이제 우리가 그의 피로 말미암아 의롭다 하심을 받았으니 더욱 그로 말미암아 진노하심에서 구원을 받을 것이니 곧 우리가 원수 되었을 때에 그의 아들의 죽으심으로 말미암아 하나님과 화목하게 되었은즉 화목하게 된 자로서는 더욱 그의 살아나심으로 말미암아 구원을 받을 것이니라 그뿐 아니라 이제 우리로 화목하게 하신 우리 주 예수 그리스도로 말미암아 하나님 안에서 또한 즐거워하느니라"(롬 5:7-11).

"예수께서 이르시되 네 마음을 다하고 목숨을 다하고 뜻을 다하여 주 너의 하나님을 사랑하라 하셨으니 이것이 크고 첫째 되는 계명이요 둘째도 그와 같으니 네 이웃을 네 자신 같이 사랑하라 하셨으니 이 두 계명이 온 율법과 선지자의 강령이니라"(마 22:37-40).

6

자존감이
낮은 사람을 위한 치료 2

말씀을 통해 잘못된 믿음을 고쳐 나가라

인간의 자아개념(Self-concept)이란 자신에 관해 세워 놓은 스스로의 느낌과 생각의 체계이다. 우리의 자아 개념이 형성되는 네 가지 근원들은 다음과 같다.

첫째, 우리가 5장에서 본 것과 마찬가지로 그 근원이 외부의 세계로부터 온다. 우리가 이 외부의 세계로부터 받게 되는 것들은 가족이라는 거울에 반사된 우리에 대한 느낌과 영상이다. 우리는 어릴 때 가졌던 사람들과의 관계를 통해서 내가 누구인가를 알게 된다. 그것은 우리가 어떠한 대우와 사랑과 보호를 받았는가와 관계가 있다. 또한 우리가 성장하면서 사람들과의 관계를 통해서 배운 말에 의해서도 결정된다.

둘째, 우리의 내부의 세계이다. 우리의 내부 세계는 육체적, 정서적 그리고 영적인 감각들을 통해서 밖으로 드러난다. 이것은 우리의 오감과 신경들, 그리고 배우고 기억하고 응답할 수 있는 기능들을 포함한다. 우리 중 어떤 이들은 이러한 내적 세계에 결함과 흠과 결점을 가지고 있다.

아이들은 모두가 다르다. 놀랍게도 눈송이 하나하나의 모양이 다른 것과 마찬가지이다. 만약 어떤 부모가 자녀들을 키울 때 자녀교육 교과서에 따라 꼭 같은 방식으로 키운다는 것은 중대한 실수이다. 아마 부모가 된 이들은 내가 무슨 말을 하는지 잘 알 것이다. 한 아이는 잠언에서 말하는 노새와 같아서 그를 길들이고 훈련시킬 때 막대기를 꼭 사용해야 하는 반면, 또 다른 아이는 건드리기만 해도 움츠러드는 식물과 같이 예민해 큰 소리로 훈육할 필요가 없다. 그러므로 한 가지 자녀 양육 방법만으로 충분하다고 생각하는 것은 어리석은 일이다. 이러한 차이점은 우리 모두가 서로 다른 존재이며 정신적, 신체적으로 다르기 때문에 생기는 것이다.

그러나 또한 우리에게는 영적인 요소가 있다. 이것이 세속적이며 인본주의적인 심리학과 다른 점이다. 그들은 인간의 본성을 근본적으로 선하며 도덕적으로는 중립적인 존재로 받아들인다. 그리스도인들은 그와는 입장이 다르다. 하나님께서는 말씀을 통해 우리에게 인간은 도덕적 중립성을 가지고 태어나지 않았다고 계시해 주셨다. 오히려 우리는 근본적으로 악에 치우치며 잘못된 것을 행하고자 하는 성품을 가지고 태어났다고 말한다. 우리는 이것을 원죄(原罪)라고 부른다.

처음에 인간은 죄와 상관이 없었다. 그러나 우리의 첫 조상은 하나님과의 관계가 끊어지고 이기심과 교만의 모습으로 살았다. 그 후로 우리는 모든 인간관계가 인간 발달을 지배하는 법과 규칙을 지키지 못함을 알게 되었다. 이것은 죄성이 부모로부터 자녀에게 전달되어 온다는 사실을 증명해 준다. 아담과 하와가 처음 범죄함으로 인해 불완전한 자녀 양육이 연쇄적 반응을 일으키게 되었다. 그러한 불완전한 자녀 양육은 부모들의 실수와 무지와 잘못된 행동, 그중 가장 좋지 않은 행동인 조건적인 사랑이 그 원인이었다.

그리하여 각 사람은 유전적으로 공동적인 죄성을 지닌 죄의 희생물이 되었다. 우리는 이 세상에 태어날 때 완전하게 중립적인 상태로 온 것이 아니고 불완전하게 잘못된 방향으로 기울어져 있었다. 이렇게 본성적으로 결함을 가지고 태어났기 때문에 우리는 정상적인 균형을 유지할 수 없는 존재가 된 것이다.

몇 년 전, 나는 사람들을 상담하는 데 매우 도움이 되는 말을 발견했다. "아이들은 이 세상에서 가장 훌륭한 기록 장치들을 가졌다.

반면에 그들은 가장 나쁜 해석자들이다." 아이들은 그들의 이기심으로 인해 주위에 있는 잘못된 것을 많이 받아들인다. 그리고 받아들인 것 중 많은 부분을 잘못 해석하게 됨으로써 그들의 자아상 형성에 큰 해를 끼치게 된다. 부모가 자녀들에게 아무리 잘 대해 주었어도 그것과는 상관없이 대부분의 청소년들은 '너는 모든 것이 좋아 보이는데 나는 그렇지 못해'라는 느낌을 가지고 있는 것 같다. 이것은 인간에게 주어진 기능의 일부처럼 느껴진다.

성경은 분명히 우리가 단순히 죄의 희생물이라고만 말하지 않는다. 우리 모두는 죄인이다. 그러나 우리가 현재 어떠한 사람이고 앞으로 어떠한 사람이 될 것인가는 우리에게도 책임이 있다고 말한다. 내가 지금까지 보아 온 사람들 중 진정한 치료를 경험한 사람은 그에게 잘못하고 피해를 준 사람을 용서하는 것과 아울러 자신의 잘못된 태도도 하나님께 용서를 받는 사람이었다.

셋째 근원은 사탄이다. 우리가 이미 보았듯이 우리의 낮은 자존감 형성에 사탄이 한 몫을 담당한다. 사탄은 그의 무시무시한 무기로서 세 가지 역할을 행사함으로 스스로 멸시하게끔 만든다. 사탄은 거짓말쟁이요(요 8:44), 참소하는 자요(계 12:10), 또한 우리의 마음을 혼란하게 하는 자이다(고후 4:4). 이러한 세 가지 역할 가운데 사탄은 열등감과 자신을 부적절하게 여기는 것 그리고 자신을 스스로 축소시키는 것을 사용해 그리스도인을 패배시킨다. 또한 그 결과 하나님의 자녀로서의 온전한 잠재력을 발휘하지 못하게 만든다.

넷째 우리의 자아 개념의 근원은 하나님이시다. 우리는 이제 낮은 자아상을 소유하게 된 문제의 근원으로부터 새로운 그리스도인으로서의 자아상을 소유하는 능력의 근원으로 옮겨 가자. 이제는 질병으로부터 돌이켜 치유의 근원으로 향하자. 이제 당신의 낮은 자존감의 치료를 위해 당신이 적용해야 할 실제적인 단계들을 살펴보기로 하자.

잘못된 신학을 교정하라

하나님과 성경 말씀을 통해 당신의 잘못된 믿음이 고쳐지도록 하라. 많은 그리스도인이 하나님 보시기에 진정으로 죄악된 생각을 품고는 경건한 신학적 두루마기로 겉만 감싸는 일을 한다. 당신도 악을 선으로 미화시킨 경험이 있을지 모른다. 우리는 잘못된 생각을 하면서 동시에 올바르게 살아갈 수 없다. 우리가 잘못된 것을 믿는다면 진리를 따르는 것이 아니다.

자신을 스스로 격하시키는 태도가 하나님을 기쁘시게 하는 것이라는 생각은 잘못된 믿음에서 온 것이다. 자신을 낮추는 일이 그리스도인의 겸손의 덕에서 나온 것은 사실이다. 그리고 성결과 거룩함을 추구함에 있어서 겸손이 꼭 필요하다는 것을 안다.

진정한 그리스도인의 겸손은 자신을 스스로 격하시키는 것이 아니다. 이것은 오히려 믿음의 기본적 가르침에 역행하는 태도이다. 하나님의 말씀 중 제일 큰 계명은 "너의 온 마음을 다하여 하나님을 사랑하라"는 것이다. 두 번째 큰 계명은 첫 번째 계명의 연장으로서 "네 이웃을 네 몸과 같이 사랑하라"는 것이다.

여기에 우리는 두 가지가 아니라 세 가지 계명이 나타난 것을 발견한다. 하나님을 사랑하는 것과 당신 자신을 사랑하라는 것과 또한 다른 사람들을 사랑하는 것이다. 나는 여기에 자기 사랑을 두 번째로 놓았다. 그 이유는 예수님께서 말씀하신 내용을 보면 이웃에 대한 사랑은 적절한 '자기 사랑'을 토대로 한 것임이 분명하기 때문이다. 자기 사랑이란 용어가 어떤 사람에게는 잘못된 의미로 전달된다. 그것을 바꾸어 자존감이라고 부르든지 혹은 자기 가치감이라고 부르든지 상관이 없다. 확실한 사실은 그것이 없이는 다른 사람을 위한 그리스도인의 사랑의 토대는 확고하지 못하다는 것이다. 많은 그리스도인이 이러한 사실을 이해하지 못하고 그것을 정반대로 생각하는 오류에 빠져 있다.

몇 년 전 예수님의 말씀인 두 가지 큰 계명에 관한 설교를 마친 후였다. 한 남자가 나를 찾아왔다. "목사님, 제가 지금 이렇게 나이가 많이 들었는데 지금까지 저는 예수님의 말씀을 한 번도 올바로 이해하지 못했었군요"라고 그는 말했다.

"무슨 말씀을 하시는 겁니까?" 내가 물었을 때 그는 이렇게 대답했다.

"목사님의 설교를 들으며 나는 갑자기 입술로 '네 이웃을 네 몸과 같이 사랑하라'고 말하는 것을 인식하게 되었지요. 그러나 나의 깊은 자의식 속에서는 '네 이웃을 사랑하지만 너 자신은 미워해야 한다'라는 말로 듣고 있었어요. 나는 고지식하게도 그 계명을 내 해석대로 생활에 적용시켰던 것 같아요."

또 다른 경우도 있었다. 자신에 대한 사랑에 관한 설교를 했던 부흥 집회가 끝난 뒤 한 부인이 나를 찾아왔다. 그 부인의 말이 자기는 일평생 교회 생활을 해 왔지만 지금까지 한 번도 자신을 사랑해야 한다는 말씀을 증거한 전도자를 만나 보지 못했다고 했다. "지금까지 저는 늘 겸손하기 위해서 하나님께서는 내가 나를 미워하길 원하신다는 말도 안되는 생각을 했습니다."

당신은 당신의 잘못된 신학을 바로 잡아야 할 필요가 있지 않는가? 하나님을 사랑하며, 자신을 그리고 다른 사람을 사랑하는 것이 하나님의 율법 전체를 지키는 일이다(마 5:43-48). 예수님께서는 율법을 선포하시면서 그 당시의 어떤 랍비들이 한 것처럼 그 율법을 두둔하거나 영광을 돌리지 않았다. 오히려 그분은 권위 있게 이 영원한 삼각형의 원리를 다시 언급하셨다. 하나님께 대한 사랑과 자신에 대한 사랑 그리고 다른 사람에 대한 사랑이 영원한 삼각형의 원리이다. 하나님이 제정하신 기본적인 율법은 온 우주를 지배하는 자연 법칙 가운데 기록되었다. 이는 우리 몸의 세포 하나하나에도 적용된다. 적절한 자존감을 소유한 사람이 모든 면에서 낮은 자존감을 소유한 사람보다 훨씬 더 건강하다. 우리는 이렇게 하나님의 순리에 따라 만들어진 존재이므로 이 법칙을 어긴다는 것은 잘못된 신학을 따르는 것일 뿐만 아니라 파멸로 이끈다.

높은 자존감을 소유하는 것에 대한 중요성이 성경의 많은 부분에서 찾을 수 있다. 사도 바울은 이것이 인생에 있어서 가장 친밀하고 중요한 관계를 맺고 있는 남편과 아내와의 관계에 있어 기초가 된다고 선언했다. "이와 같이 남편들도 자기 아내 사랑하기를 자기 자신과 같이 할지니 자기 아내를 사랑하는 자는 자기를 사랑하는 것이라 누구든지 언제나 자기 육체를 미워하지 않고 오직 양육하여 보호하기를 …"(엡 5:28-29).

이렇게 의역할 수 있을 것이다. "남편이 아내를 사랑하는 것은 남편 자신 스스로의 사랑이 연장되어 아내에게까지 미치는 것이다."

그 다음 구절을 보면 예수님께서 보여 주신 모범이 나와 있다. "그리스도께서 교회에게 함과 같이 하나니." 그리고 사도 바울은 다시 한 번 이렇게 기록했다. "너희도 각각 자기의 아내 사랑하기를 자기 같이 하고 아내도 그 남편을 존경하라."

사도 바울의 말이 심리학적으로 정확하게 맞아 들어간다는 것을 우리의 경험을 통해 증명할 수 있다. 사람들이 자신을 사랑할 줄 모르기 때문에 배우자도 사랑하지 못하게 된다. 그로 인해 결혼 생활에 수많은 문제가 생기는 것이다. 자신을 귀중하게 여기지 않기 때문에 결혼 생활을 어렵게 만든다. 당신이 훌륭한 남편이 되기 원한다면 스스로를 세워 주는 태도와 자신의 가치를 인정하는 것이 근본적으로 필요하다.

이렇게 자신을 귀중하게 여기는 태도는 훌륭한 이웃이 되는 데도 필요하다. 사도 바울은 우리에게 매우 적절하게 경고했다. 각 사람은 자신을 마땅히 생각해야 할 그 이상으로도 생각지 말고 믿음의 분수에 맞게 건전한 생각을 해야 한다(롬 12:3). 건전한 생각이란 과대평가도 아니고 과소평가도 아니다. "봐라. 지금 너 잘난 척하고 있는 거야"라고 고소하면서 우리를 혼란하게 하고 우리 눈을 멀게 하는 것이 바로 사탄의 짓이다.

그러나 어떤 사람들에게는 자신을 깎아내리는 것과 반대의 현상도 나타나는 것이 사실이다. 낮은 자존감을 소유한 사람은 항상 인정을 받으려고 애쓴다. 그러한 사람은 어떤 경우에서든지 자기가 옳다는 것을 증명하려는 욕구를 가지고 있다. 그는 항상 자기 자신을 바라보는 데만 열중한다.

자존감이 낮은 사람은 자의식이 매우 강하다. 이것은 반드시 그가 이기적이라는 의미가 아니다. 그가 항상 자신을 바라보고 자신을 의식한다는 의미에서 자아중심적이다. 그는 다른 사람으로부터 늘 칭찬을 받아야 하는 칭찬중독증에 걸려 있든지, 혹은 자신이 옳다는 것을 확인하기 위해 항상 다른 사람을 자기 뜻대로 조종하려 든다.

자신의 가치를 인정받으려 할 때 조건없이 다른 사람을 사랑할 수가 없는 경우가 있다. 그러한 상태에 있는 사람은 겉으로 보기에는 다른 사람을 사랑하는 것 같지만 실제로는 자신이 옳다는 것을 인정받기 위해 그들을 이용하는 격이 된다.

자신을 부정적으로 받아들이는 태도는 겸손이나 거룩함 혹은 성결의 일부가 될 수 없다. 자신이 그리스도와 함께 십자가에 못박히는 것이나 자신을 하나님께 항복하는 것은 스스로를 비천하게 만든다는 의미가 절대 아니다.

모든 평가는 하나님께로부터

자신의 가치와 소중함에 대한 인식을 하나님께로부터 계속 공급받도록 하고 당신의 과거로부터 물려받은 거짓된 영상에 의존하지 말라. 당신이 소유한 낮은 자존감의 치료는 당신이 어떤 선택을 하는가에 달려 있다. 모든 거짓말과 왜곡과 좌절, 그리고 과거의 상처를 들춰내 당신을 건전하지 못한 불신의 감정과 생각에 사로잡히게 하는 사탄의 속삭임에 귀를 기울일 것인가? 혹은 하나님과 말씀으로부터 당신의 귀중함에 대한 가치를 부여받을 것인가? 여기에 스스로에게 던지는 몇 가지 중요한 질문들이 있다.

무슨 권한으로 당신은 하나님께서 그렇게 깊이 사랑하시는 존재를 깎아내리고 멸시하는가? "네, 저는 하나님이 저를 사랑하신다는 것을 알지요. 그렇지만 나는 내 자신에 대해서는 참을 수가 없어요"라고 말하지 말라. 그렇게 하는 것은 믿음을 비웃는 행동이요, 하나님 사랑에 대한 모욕적인 태도이다. 그것은 은연중에 창조주 하나님께 반하는 태도이다. 하나님의 창조물을 멸시할 때 그것은 결과적으로, 만든 작품이 싫다는 의미일 뿐 아니라 만드신 분까지도 배척하는 셈이다. 하나님께서 깨끗게 하신 것을 더럽다고 평가하는 것이다. 하나님이 당신을 얼마나 사랑하시며 그분께 당신이 얼마나 소중한 존재인가를 망각하지 말라.

무슨 권한으로 당신은 하나님께서 그렇게 높이 대우해 주신 존재를 깎아내리고 멸시하는가? "보라 아버지께서 어떠한 사랑을 우리에게 베푸사 '하나님의 자녀'라 일컬음을 받게 하셨는가"(요일 3:1). 우리가 하나님의 자녀라고 단순히 불리운 데서 끝나는 것이 아니다. 그것이 우리의 신분이다. "사랑하는 자들아 우리가 지금은 하나님의 자녀라"(요일 3:2).

누가 하나님의 자녀라고 말하면서 자신을 무가치하고 열등하게 여긴다면 하나님께서 그를 겸손하게 보시며 기뻐하시겠는가? 무슨 권한으로 당신은 하나님께서 그렇게 높이 가치를 부여하신 존재를 깎아내리고 멸시하는가? 하나님께서 당신을 얼마나 귀중하게 여기시는가?

다른 사람을 위해 자신의 목숨을 버린다는 것은 극히 드문 일이다. 간혹 의인을 위해 … 있을지 모르겠다. 그러나 하나님의 놀라운 사랑의 증거가 여기에 있다. "의인을 위하여 죽는 자가 쉽지 않고 선인을 위하여 용감히 죽는 자가 혹 있거니와"(롬 5:7-8, 11). 하나님께서는 당신의 가치가 어떠한가를 선포하셨다. 당신은 하나님께서 자기 아들의 생명을 주셔서 구속하실 만큼 매우 귀한 존재이다.

무슨 권한으로 당신은 하나님께서 그렇게 완전하게 필요를 채워 주시는 존재를 깎아내리고 멸시하는가? "하물며 하늘에 계신 너희 아버지께서 좋은 것으로 주시지 않겠느냐?"(마 7:11). "하나님이 … 너희 모든 쓸 것을 채우시리라"(빌 4:19). 이런 성경의 증거들을 통해 하나님께서 당신이 자신을 싫어하고 부정하길 원하지 않으심을 알 수 있다.

무슨 권한으로 당신은 하나님께서 그렇게 세심하게 계획하신 존재를 깎아내리고 멸시하는가? "찬송하리로다 하나님 곧 우리 주 예수 그리스도의 아버지께서 그리스도 안에서 하늘에 속한 모든 신령한 복을 우리에게 주시되 곧 창세전에 그리스도 안에서 우리를 택하사 우리로 사랑 안에서 그 앞에 거룩하고 흠이 없게 하시려고 그 기쁘신 뜻대로 우리를 예정하사 예수 그리스도로 말미암아 자기의 아들들이 되게 하셨으니"(엡 1:3-5).

무슨 권한으로 당신은 하나님이 기뻐하시는 존재를 깎아내리고 멸시하는가? 사도 바울은 우리가 "그가 사랑하시는 자 안에서 우리에게 거저 주시는 바"(엡 1:6)라고 말했다. 예수님이 세례(침례) 받으실 때 아버지께서 하신 말씀을 기억하는가? "이는 내 사랑하는 아들이요 내 기뻐하는 자라 하시니라"(마 3:17). 사도 바울은 우리가 "그리스도 안에" 있다고 감히 말했다. 그 구절을 90번 이상 사용한 것을 볼 수 있다. 우리는 그리스도 안에 있다. 그러므로 우리는 그의 사랑하는 자 안에 있다. 하나님은 그리스도 안에 있는 당신을 보시고 이렇게 말씀하신다. "너는 내가 아주 기뻐하는 나의 사랑하는 아들, 나의 사랑하는 딸이다."

자신에 대한 생각을 무엇을 통해서 받겠는가? 어린 시절에 형성된 거짓된 생각과 과거에 받은 상처를 통해서 받겠는가? 혹은 이렇게 말하겠는가? "아닙니다. 나는 더 이상 과거의 경험으로부터 오는 거짓말을 듣지 않겠습니다. 거짓말쟁이요, 혼돈케 하는 자요, 눈을 멀게 하는 자로서 무엇이든지 비틀고 왜곡시키는 사탄의 속삭임을 듣지 않겠습니다. 나는 하나님이 나를 생각하시는 것에만 귀를 기울이겠습니다. 하나님이 사랑으로 나를 평가해 주시는 것이 내 삶의 일부분이 되고 또한 내 마음속 깊은 곳에 그 감정이 스며들 때까지 주께서 나의 생각을 재조정해 주시기를 바라겠습니다."

성령님과 동역하라

하나님께서 당신의 생각을 재조정하시며 마음을 새롭게 하실 때 하나님의 동역자가 된다. 이러한 작업은 극적인 체험을 통해서 이루어지는 것이 아니고 계속적인 훈련을 받아야만 한다.

내가 알기로는 어떠한 신앙의 체험도 우리의 자아상을 하룻밤 사이에 변화시키지는 못한다. 우리는 "오직 마음을 새롭게 함으로 변화를 받아야 한다"(롬 12:2). 이 구절의 동사는 계속적인 행동을 나타낸다. 그리고 마음이란 단어는 우리가 어떠한 생각을 하는가 또는 매일 어떻게 삶의 태도를 가지는가를 나타내는 말이다. 그러면 성령님과 함께 이 일을 할 때 우리가 해야 할 일은 무엇인가?

우리가 자신을 깎아내릴 때마다 하나님께 그것이 옳은가 그른가를 판단해 달라고 부탁하자. 그렇게 하기 시작할 때 스스로 놀랄 것이다. 그 이유는 우리는 직접 또는 간접적으로 스스로를 깎아내리는 일에 익숙해져 있기 때문이다. 여기에 약간의 힌트가 있다. 누가 당신을 칭찬할 때 어떻게 하는가? "감사합니다" 혹은 "좋게 생각해 주시니 기쁘군요"라고 말할 수 있는가? 그렇지 않으면 반대로 여러 가지 말과 표현을 사용해서 자신을 깎아내리는 일에 열중하는가? 만약 계속 자신을 깎아내리는 일을 해 왔다면 얼마 동안은 그것을 중지하기가 매우 힘들 것이다. 똑같은 행동을 반복하려는 타성에 젖어서 빠져나오기 힘들기 때문이다. 그러한 잘못된 패턴에서 꼭 벗어나야만 한다.

자신을 깎아내리는 방법 중 가장 나쁜 것은 그것을 영적으로 미화시키는 일이다. 그것은 절대로 하나님을 기쁘시게 할 수 없다. 누가 당신에게 말하기를 "오늘 당신이 노래하는 것을 들었는데 노래를 잘 불러 주셔서 즐겁게 들었습니다"라고 하면 당신은 아주 신령하게 대답한다. "그것은 제가 한 것이 아니고 주님이 하신 것이지요." 물론 당신이 주님께 의존하면서 했기 때문에 주님이 하셨다는 것이 잘못된 대답은 아니다. 그러나 매번 그렇게 답할 필요는 없지 않은가!

우리는 마음 문을 열고 하나님의 사랑을 받아들이고 그분 앞에서 자신을 사랑하는 법과 다른 사람을 사랑하는 법을 배워야 한다. 우리에게 필요한 것은 사랑이다. 하나님께서 받아 주시고 인정해 주시는 것이 우리의 모든 감정의 필요를 채운다. 하나님께서는 이를 잘 아시고 채워 주시기를 원하신다. 문제는 여러 가지를 통해서 잘못 형성된 당신의 자아상 때문에 그 사랑을 받아들이기가 어렵게 되었다. 아마 그것이 너무 어렵기 때문에 당신이 있는 그 상태에 그대로 머물러 있는 것이 더 편하게 느껴질지도 모르겠다.

나는 당신이 어렵게 느껴지더라도 고침을 받을 수 있는 과정 가운데로 나아가야 한다고 도전한다. 당신은 하나님의 자녀로서 높은 자존감을 가질 권한이 있다!

Healing
for
Damaged Emotions

PART 3

'완벽주의 그리스도인'도
치유가 필요하다

"수고하고 무거운 짐 진 자들아 다 내게로 오라 내가 너희를 쉬게 하리라 나는 마음이 온유하고 겸손하니 나의 멍에를 메고 내게 배우라 그리하면 너희 마음이 쉼을 얻으리니 이는 내 멍에는 쉽고 내 짐은 가벼움이라 하시니라"(마 11:28-30).

"그런즉 안식할 때가 하나님의 백성에게 남아 있도다 이미 그의 안식에 들어간 자는 하나님이 자기 일을 쉬심과 같이 그도 자기의 일을 쉬느니라 그러므로 우리가 저 안식에 들어가기를 힘쓸지니 이는 누구든지 저 순종하지 아니하는 본에 빠지지 않게 함이라"(히 4:9-11).

7

완벽주의
증상들

완벽해지려는 열심이 그분의 은혜를 잊게 할 수 있다

우울증에는 여러 가지 종류가 있고 그 정도의 차이가 크다. 나는 여기서 상처 입은 마음으로부터 오는 우울증에 초점을 맞추어 보려고 한다. 특히 그릇된 영적 자세인 '완벽주의'(perfectionism)가 원인이 되고 있는 우울증에 관해서도 다루어 보고자 한다.

내가 '완벽주의'라는 말을 쓰자마자 그것에 동의하지 않는다는 붉은 깃발을 올리는 사람들이 있을 것이다. "우리는 그리스도인이 완전하게 되는 것을 믿고 있지 않습니까?" 물론 그것은 사실이다. 그러나 진실로 그리스도인이 완전케 되는 것과 완벽주의를 지향하는 것 사이에는 커다란 차이가 있다. 겉으로 보기에는 비슷한 것처럼 보이지만 이 둘 사이에는 아주 큰 간격이 있다.

완벽주의는 그리스도인이 완전케 되고, 거룩하게 되며, 성화되거나 혹은 성령 충만의 삶을 사는 것에 대한 모조품이다. 전자는 우리를 거룩한 사람으로서 그리스도 안에서 전인적인 온전한 인격을 갖춘 사람으로 만들기 보다는 오히려 영적인 바리새인이나 혹은 정서적인 신경쇠약자로 만들어 버린다.

너무 과장된 표현을 한다는 생각이 드는 사람이 있을지 모르겠다. 또 이것이 마치 어떤 특정한 심리학자들이나 목사가 새로 발견한 사실이라고 생각하는 사람도 있을 수 있다. 내가 확실히 말할 수 있는 것은 심리학이란 단어가 유행되기 훨씬 수세기 전부터 생각이 깊은 목회자들은 이러한 문제로 고민하는 그리스도인들을 보아 왔고 또한 깊은 관심을 가졌다. 비록 그들이 그 문제를 어떻게 다루어야 할지 알지 못했다 하더라도 그들은 그 문제점을 인식하고 있었다.

존 웨슬리(John Wesley)와 동일한 시대의 사람인 존 플레처(John Fletcher)는 그의 인도를 받고 있던 어떤 교인들에 관해 이렇게 묘사했다. "어떤 사람들은 그들 스스로 문제를 만들어 그 무거운 짐을 짊어지고 견딜 수 없을 때 가상적인 죄책감을 가지고 그들의 고통을 경험한다. 또 다른 사람들은 용서받을 수 없는 죄를 범했다는 근거 없는 두려움에 사로잡혀 있다. 한마디로 말해서 수많은 사람이 그들의 상태가 괜찮다고 볼 수 있는 충분한 이유가 있음에도 불구하고 자신에게는 아무런 소망이 없는 것으로 생각하고 있지 않은가?"

순회 설교 목사 존 웨슬리는 이렇게 기록하고 있다. "고귀하고 부드러운 우리의 양심은 때때로 극단적인 것을 경험한다. 우리는 두려움이 없는 곳에서 두려워하는 사람을 보는가 하면 아무 이유도 없이 계속 자신을 정죄하는 사람을 발견한다. 어떤 사람들은 성경의 어느 곳에서도 정죄하고 있지 않는 것을 죄라고 생각하고 있고, 그들에게 요구하지 않은 것을 자기들이 해야 할 책임으로서 생각하고 있다. 이것을 소위 철저한 양상이라고 부르는데 이것은 아주 나쁜 악으로 존재한다. 가능한 항복하지 않는 것이 가장 이로운 방법이지만 만약에 그 가운데 빠져 있다면 그 나쁜 악으로부터 해방되어 건전한 상태로 회복할 수 있기를 기도해야 한다"[5]

과거 한 목사님이 *The Spiritual Treatment of Sufferers from Nerves and Scruples*(신경 과민과 양심의 가책으로 고민하는 사람들의 영적 치료)라는 제목으로 완벽주의에 관한 책을 썼다. 얼마나 놀랍고도 정확한 제목인가!

완벽주의 증상들

복음적인 그리스도인들을 가장 괴롭히고 있는 정서적인 문제가 완벽주의다. 문제가 있어서 사무실을 찾아오는 그리스도인 중 다른 어떤 문제보다도 이 문제가 큰 비중을 차지한다는 것을 발견한다.

완벽주의란 무엇인가? 정의를 내리는 것보다 그것을 설명하는 편이 훨씬 쉽기 때문에 나는 여러분들에게 그 증상들을 소개하고자 한다.

꼭 해야 한다는 무서운 압박감

이것의 특징은 자신이 무슨 일을 잘하지 못했다든지 자신이 훌륭하지 못했다고 느끼고 있는 감정이다. 이러한 감정은 생활의 모든 면에 침투되지만 특히 우리의 영적 생활에 영향을 미친다. 심리학자 캐런 호니(Karen Horney)의 고전적 표현인 '꼭 해야 한다는 무서운 압박감'이 이를 아주 잘 말해 준다. 다음과 같은 것들이 그러한 전형적인 표현들이다.

- "나는 좀 더 잘해야 해."
- "나는 좀 더 잘했어야 해."
- "나는 좀 더 잘할 수 있어야 해."

식사 준비로부터 기도나 전도에 이르기까지 '나는 만족할 만큼 잘하지 못했다'고 생각한다. 완벽주의자들이 좋아하는 세 가지 구절은 "할 수 있었어야", "꼭 해야 했었어"와 "그렇게 했었어야"이다. 마음속에 이러한 생각을 가지고 산다면 입으로부터는 항상 "만약 그렇게만 되었더라면"이란 노래가 나올 수밖에 없을 것이다. 항상 발끝을 올리고서 안간힘을 쓰며 노력하지만 결코 이룰 수 없는 가운데 갈등하고 만다.

낮은 자존감과 자기 멸시

완벽주의와 낮은 자존감을 소유하는 것이 일맥상통한다는 것은 의심할 여지가 없다. 자신이나 자기가 한 일에 대해서 만족하지 못하는 사람은 항상 자신을 멸시하는 감정에 사로잡히게 된다. 이런 사람들은 자연적으로 이와 같은 생각을 하게 된다. '하나님은 진정으로 나를 기뻐하시지 않을 것이다.' 이 사람들은 "자 이제 해 보게, 그것보다는 더 잘할 수 있지 않겠나!"라고 늘 말한다. 만약 당신이 자신에 대해서 결코 만족하지 못하는 완벽주의자라면 "물론이지요"라고 대답할 것이다

노력하지만 항상 1등을 못하고 2등의 자리에 머문다. 그런데 자기 자신과 하나님은 1등을 요구하기 때문에 2등을 하는 것은 만족할 만큼 잘한 것이 아니다. 그 결과 자신과 하나님을 만족시키기 위해서 더 많은 노력을 한다. 그러나 언제든지 목표를 이루지 못하고,

자신은 적절하지 못하다는 느낌이 들고, 계속해서 애쓰고 노력하지만 결코 원하는 데 이르지를 못한다.

불안으로 인한 예민한 양심

반드시 해야 한다는 느낌과 자기를 멸시하는 태도는 죄책감과 불안, 그리고 정죄감이라는 커다란 우산 속에서 지나치게 민감한 양심을 갖게 한다. 커다란 구름처럼 이러한 감정들이 당신의 머리 위를 떠돌아다니고 있다. 가끔가다 한 번씩 특히 부흥회 기간이나 수련회 기간 중 "더 깊게 헌신하기를 결심"한다든지 기도를 받기 위해 앞으로 나아갈 때 그 구름이 잠시 걷히고 밝은 태양 빛이 스며들어 온다.

불행히도 그 광선은 과거에 경험했던 것처럼 얼마 못 가서 사그러지고 만다. 그때와 꼭 같은 과정을 지나면서 같은 축복의 약속을 붙잡는다. 그러나 곧 마음 아픈 천둥소리와 함께 영적인 구름 속에서 떨어지고 만다. 먼저 느꼈던 무서운 감정들이 다시 당신의 마음을 사로잡게 된다. 하나님이 당신을 받아 주시지 않는다는 감정이 영혼을 계속 두드리며 속속들이 스며드는 정죄감이 다시 당신을 찾아온다.

강박과 율법주의

완벽주의자들의 예민한 양심과 일반적인 죄의식 밑에는 아주 지나친 강박과 율법주의가 대개 깔려 있다. 율법주의란 외적인 것들을 지나치게 강조하거나 하라와 하지 말라는 것들과 규칙들 그리고 규제 사항들을 지나치게 세우는 것이다. 우리는 여기서 이러한 율법주의가 앞서 말한 세 가지 증상들 다음에 필연적으로 따라오는 이유를 살펴보기로 하겠다.

연약한 양심과 낮은 자존감을 소유하고 자동적으로 죄책감을 쉽게 느끼는 완벽주의자는 다른 사람들이 자신에 대해 어떻게 생각하는가에 관해 매우 예민하다. 그는 자신을 용납할 수 없고 하나님이 자기를 받아 주신다는 것을 확신할 수 없기 때문에 다른 사람으로부터의 인정을 절실하게 요구한다. 그리하여 그는 다른 그리스도인들의 의견이나 평가에 의해 쉽게 영향을 받는다. 설교를 들을 때도 마찬가지이다. 그는 이렇게 자신을 반성해 본다. "아, 아마 그것이 내가 잘 못하고 있는 걸 거야. 아마 내가 이것을 포기하고 … 저것을 내 생활 속에 집어넣는다면 … 아마 내가 이것을 멈추고 저것에 손을 대면, 나는 화평과 기쁨과 능력을 경험하게 될 거야. 그러면 하나님이 나를 받아 주시고 나를 기뻐하실지도 몰라."

항상 하라는 것과 하지 말라는 것이 쌓이고 더 많은 사람을 기쁘게 해야 하기 때문에 그 짐은 계속 불어나게 된다. 이 사람에게도 비위를 맞춰야 하고 저 사람에게도 비위를 맞춰야 한다. 그래서 완벽주의자가 이런 방법, 저런 방법으로 다른 사람의 비위를 계속 맞추어 나가다 보면 자신도 모르는 사이에 사도 바울이 명명한 "종의 명에"(갈 5:1)를 메게 되고 만다. 멍에는 그 당시에 매우 흔한 농기구로서 이것을 동물의 목에 매어 쟁기를 끌게 한다든가 또는 소 두 마리를 한 데 묶어서 끌게 하기도 했다. 그러나 이 단어는 다른 의미로도 사용되었는데 이것이 사도 바울이 의도한 의미이다. 구약성경 가운데 나오는 멍에의 의미는 정복당한 사람들의 목에 자신들의 노예가 되었다는 표징으로서 걸어 주는 포악한 권위의 상징이었다. 그것은 비천하고 파괴적이었다.

은혜의 복음이 갈라디아 교인들의 삶 가운데 역사해 영적으로 노예의 신분을 가진 그들에게 메인 멍에로부터 자유롭게 했다. 복음은 우리가 하나님께 나아가는 길은 완전하게 행함으로 갈 수 있는 길이 아니라고 했다. 우리가 아무리 노력한다 해도 결코 하나님의 호의를 받을 수가 없다. 그 이유는 하나님의 은혜 즉 하나님이 우리를 만족하게 받아 주시는 것은 예수 그리스도를 통한 은혜가 사랑의 선물로서 주어지는 일이기 때문이다.

얼마 후에 갈라디아 교인들은 은혜가 너무 좋은 나머지 그것을 진실로 받아들이지 못하고 시장가에서 다른 소리들을 듣기 시작했다. 사도 바울은 그것을 가리켜 "다른 복음"(갈 1:6)이라고 지적한다. 아마 그들은 의식에 관한 법을 포함한 모든 율법을 지켜야 한다고 주장했던 예루살렘의 율법주의자들의 말을 들었을지도 모른다. 혹은 하나님을 기쁘시게 하기 위해 모든 것을 포기해야 한다고 주장하는 골로새 금욕주의자들의 말을 들었을지도 모른다. 그들은 절기나

월삭이나 안식일을 지켜야 한다고 주장했다. 또한 그들은 "자신을 괴롭게 하고" 일부러 자신의 가치를 낮추어야 한다고 주장했다(골 2:18). 그들은 사도 바울이 규칙들이라고 불렀던 것들을 지키라고 강조했다. 사도 바울은 그것들을 "붙잡지도 말고 맛보지도 말고 만지지도 말라"고 했다. 그는 또한 말씀하기를 이것들은 "자의적 숭배와 겸손과 몸을 괴롭게 하는 데는 지혜 있는 모양이나" "육체 따르는 것을 금하는 데는 조금도 유익이 없다"(골 2:21, 23)고 했다. 얼마나 정확한 말씀인가!

그리하여 예루살렘 율법주의자들과 골로새 금욕주의자들이 갈라디아 희석분자(diluters)들과 갈라디아 회귀론자(reversionists)들을 빚어냈다. 그들은 믿음과 행위, 율법과 은혜를 혼합해 묽게 한 교리 가운데로 회귀해 버렸다. 그 결과는 오늘날 우리가 율법과 은혜를 뒤섞어 놓았을 때와 꼭 같다. 미숙하고 신경이 예민한 신자들은 죄책감에 사로잡히고, 만족감이 없는, 불안정한 신경성 완벽주의자들이 되기 쉽다. 그들의 표정은 굳고 사랑을 느끼지 못하는 쌀쌀한 분위기를 풍긴다. 또한 그들은 다른 사람들의 인정과 비판에 의해 크게 좌우된다. 그럼에도 불구하고 다른 한편으로는 이상하게도 다른 사람들을 신랄하게 판단하고 비난하며 그 사람들을 속박한다.

분노

가장 나쁜 것이 아직 남아 있다. 우리가 보는 바와 같이 무시무시한 사건이 완벽주의자에게 벌어진다. 그가 그것을 인식하지 못할지 모르지만 그 마음속 깊은 곳에서는 분노가 형성되기 시작한다. 꼭 해야 하는 일들에 대한 적개심, 그리스도인의 믿음에 대한 적개심, 다른 그리스도인들에 대해, 혹은 자신에 대해 그리고 가장 슬픈 것은 하나님께 대해 반발하는 적개심을 가지게 된다는 것이다.

아, 그것은 정말로 하나님께 대항하는 것이 아니다. 그것이 슬픈 사실로서 내 마음을 아프게 한다. 완벽주의자가 대항하는 것은 십자가에 달리시기까지 우리를 위해 모든 대가를 지불하신 예수 그리스도에 대한 것이 아니다. 우리에게 찾아오신 은혜와 사랑이 많으신 참 하나님께 대한 것이 아니다. 그가 대항하는 것은 결코 만족하게 할 수 없는 풍자적인 만화에 나오는 신(神)을 향한다. 그 신은 그가 아무리 열심히 노력해도 결코 기쁘게 할 수 없으며, 그가 어떤 것을 포기하거나 붙잡아도 만족하게 할 수 없는 대상이다. 이 무자비한 신(神)은 항상 조금 더 높이 내기를 걸게 하고, 항상 조금 더 요구하며 "미안하게 됐군, 저것으로는 부족해"라고 말한다.

신(神)에게 대항하는 이러한 종류의 분노가 완벽주의자의 마음속에 들끓고 있다. 때때로 그의 분노는 꼭 해야 한다는 무서운 압박감의 포악한 모습을 드러낸다. 그것은 참된 그리스도인의 완전함을 대치해 놓은 절망적인 사탄의 모방물이다. 또 때때로 그 완벽주의자는 이 모든 것을 뚫고 나와 은혜를 발견하고 놀랍게도 그 가운데서 자유함을 얻을 수 있게 된다.

부인(否認)

많은 사람은 분노를 직시하지 않고 부인한다. 화를 내는 것을 무서운 죄로 여기기 때문에 그것을 억눌러 버린다. 잘못된 신학과 율법주의 그리고 행위에 의해서 구원받는다는 생각들은 모두 얼어붙은 나이아가라 폭포와 같다. 이러한 때에 깊은 정서적인 문제들이 마음속에 생기기 시작한다. 감정의 변화가 너무 크고 심하기 때문에 이러한 사람은 두 인격을 동시에 소유하고 있는 것처럼 보인다.

자신을 싫어하며, 하나님을 사랑하지 못하고, 다른 사람과도 잘 어울릴 수 없는 가운데 살아가려고 애쓸 때 오는 압박감과 긴장감은 견딜 수 없을 정도로 큰 부담을 줄 수 있다. 이때 다음 두 가지 문제 중 하나가 생기게 된다. 한 가지는 마음이 냉랭해지는 것이고 또 다른 하나는 마음이 와해되는 것이다.

마음이 냉랭해지는 것은 매우 슬픈 일이다. 나는 많은 경우 과거에는 활동적인 그리스도인이었으나 현재는 마음이 상해 냉랭해져 버린 사람들을 위한 상담을 한다. 냉랭해진 사람은 마음속에 있는 것 전체를 다시 한 번 뒤집어엎어 버린다. 그는 더 이상 불신자가 되는 것은 아니다. 다만 그는 머리로는 믿지만 마음으로는 믿지 않는다. 완벽주의에 따라 사는 삶이란 믿음이 불가능하다. 그는 수없이 노력했지만 그것은 그를 비참하게 만들고 결국 그는 포기 상태에까지 이르게 된다.

또 다른 사람들은 와해된 상태에서 고통을 경험한다. 그들에게 지워진 짐이 너무 무겁기 때문에 그 무게에 눌려서 와해된 것이다. 그것이 바로 시애틀 워싱턴대학의 인류학 교수인 조셉 R. 쿡(Joseph R. Cooke) 박사에게 있었던 일이다. 두뇌가 명석하고 성경적 신학 교육을 잘 받았던 그는 태국에 선교사로 파송되어 가르치는 일을 했다. 그러나 몇 년 후 그는 마음이 상한 상태로 선교지를 떠났다. 신경쇠약 증세로 더 이상 설교도 할 수 없었고 가르치지도 못했으며 심지어는 자신이 스스로 성경을 읽을 수도 없었다. 그는 이렇게 술회했다. "나는 아내에게 골칫거리가 되었고 하나님과 다른 사람들 앞에서 무가치한 사람이 되었다"[6]

어떻게 이러한 일이 있을 수 있는가? "나는 불가능한 하나님을 고안해 내었다. 그리고 나서 나는 신경쇠약증에 걸리고 말았다." 그는 분명 은혜에 대한 믿음이 있었고 그것을 가르치기도 했다. 그러나 그가 매일 동행했던 하나님에 대한 자신의 진정한 느낌은 그가 가르쳤던 내용과 상반되는 것이었다. 그의 하나님은 은혜로우신 분도 만족하게 할 수 있는 분도 아니었다.

하나님이 나에게 요구하시는 것은 너무나 높고 나에 대한 그분에 대한 기대는 너무 낮아서 나는 항상 그분이 얼굴을 찌푸리시는 것만 보고 살아왔다 … 하루 종일 나에게 이렇게 다그쳐 말씀하시는 것 같았다. "왜 기도를 좀 더 하지 않니? 왜 전도를 좀 더 하지 않니? 신앙 훈련은 언제 할 것이야? 나쁜 생각에 빠져 있는 너를 어떻게 용납할 수 있을까? 이것을 해라, 저것은 하지 말아라, 복종하고, 자백하고, 더 열심히 일해라 …." 하나님은 항상 나를 비난하는 방향으로 사랑을 나타내셨다. 하나님은 못자국 난 손을 나에게 보이시고 나를 노려보는 듯한 눈으로 바라보시며 말씀하신다. "자, 너는 왜 좀 더 나은 그리스도인이 되지 않니? 좀 더 부지런히 네가 마땅히 해야 할 일을 하며 살도록 해라."

무엇보다도 나의 하나님은 마음속 가장 깊은 곳에서 나를 진토보다 더 못하게 간주하신다. 그분은 나를 향한 사랑을 서슴치 않고 표현하신다. 만약 내가 나의 전부를 그가 깨뜨리시도록 허용만 한다면 내가 갈망하던 그의 매일의 사랑과 용납이 나의 것이 될 수 있다고 믿었다. 내가 거기까지 내려왔을 때 거기에는 하나님이 진정으로 좋아하시는 나의 말이나 감정이나 생각 혹은 나의 결정은 거의 찾아 볼 수 없었다.

이런 느낌을 가지고 있는 성실한 그리스도인이 완전히 무너지고 마는 이유를 당신은 이해할 수 있겠는가? 내가 복음적인 그리스도인들과 오랫동안 기도하고 상담하며 그들을 위해 설교하는 동안 나는 완벽주의 병폐가 교인들 사이에 매우 흔하다는 사실을 믿지 않을 수 없게 되었다.

완전한 치유

완벽주의로부터의 궁극적인 치유는 오직 한 가지뿐이다. 그것은 아주 심오하면서도 단순한 은혜이다. 은혜란 단어는 헬라어의 '카리스'(Charis)란 어원에서 온 말로 '우아, 친절, 기품, 호의'라는 뜻이다. 그러나 신약에서 이 단어는 특별한 뜻을 지니고 있다. 즉 "공짜로 주어진, 과분한, 공 없이 얻은, 일해서 얻을 수 없는, 그리고 갚을 수 없는 호의"란 뜻이다.

하나님이 우리를 사랑으로 받아 주시는 것은 우리가 얼마나 가치가 있고 없는가와는 상관이 없다. 쿡 박사가 우리에게 상기시켜 주듯이 하나님께서는 은혜라는 마스크를 쓰고 우리의 부족함과 죄와 연약함 그리고 실수를 대면해 주신다. 은혜는 하나님께서 죄 많고 가치 없는 인간들을 향해 나타내시는 하나님의 성품 자체이며 그의 행하시는 행위 자체이다. 은혜는 순수한 선물로서 공짜로 받는 것이다.

완벽주의를 위한 치료는 처음 구원받을 때와 성화의 단계에서 체험하는 은혜만 가지고는 안된다. 은혜로 시작했던 삶이 후에는 완전한 행위와 노력에 의한 것으로 변질되기 쉽기 때문이다. 완벽주의를 위한 치료는 매일 믿음으로 사는 가운데 사랑이 많으시고 우리를 보호하시는 하나님 아버지와 은혜로 맺어진 관계를 깨달음으로 인해 가능한 것이다.

그러나 곤란한 사실은 때때로 그러한 깨달음은 저절로 생길 수 없다는 것이다. 은혜를 깨닫는 것이 어떤 사람에게 있어서는 과거에 경험한 마음의 상처를 치료받은 후에만 가능해진다. 그들은 부모나 가족이나 선생님 그리고 설교자와 교회가 그들에게 심어 준 모든 좋지 않은 인상들을 마음속 깊은 곳에서 재조정해 나가지 않는다면 하나님의 사랑을 느낄 수가 없다.

이러한 완벽주의자들은 비현실적인 기대감이나 불가능한 행위, 조건적인 사랑 그리고 교묘하게 왜곡된 행위의 신학에 의해서 조정당한 사람들이다. 그들에게 형성된 삶의 체제를 하룻밤 사이에 바꿀 수는 없다. 변화를 경험하려면 시간과 과정과 이해와 치료와 그리고 무엇보다도 마음을 새롭게 함으로 변화를 받는 생각의 재조정이 필요하다.

나는 한 젊은 청년의 변화를 말하고자 한다. 던(Don)은 엄격한 복음주의적 신앙을 가진 가정에서 자라났다. 그 가정에서 자라며 머리로 믿는 모든 것은 옳았지만, 그들이 사람들과 일상 속에서 행하는 모든 것들은 잘못되어 있었다. 그것이 가능한가? 물론 가능하다. 부모들이 반드시 기억해야 할 사실은 부모들이 무엇을 가르쳤냐도 중요하지만 자녀들이 무엇을 받아들였냐도 중요하다는 것이다. 던에게 있어서 그가 받은 가르침과 그에게 전달된 실제 내용은 정반대였다. 이로 인해 그는 매우 큰 갈등을 겪었다.

던은 예기치 못한 조건적인 사랑 가운데서 성장했다. 아주 어린 시절부터 그는 다음과 같은 말들을 들었다. "네가 만약에…하면 사랑을 받게 된다", "우리는 네가…할 때 너를 용납해 주고 인정해 줄 것이다", "너는…하기 때문에…한다면 사랑을 받게 될 것이다." 그는 자신이 절대로 부모를 만족시킬 수 없음을 알며 성장했다.

던은 30대가 되어 나를 찾아왔다. 그의 우울증은 그 사이 그에게 더 자주 찾아왔고 더 오래 지속되었으며 더 큰 어려움을 주었다. 친근한 그리스도인 친구 중에는 그의 문제가 전적으로 영적인 것이라고 말하는 사람들도 있었다. "진정으로 성령 충만한 그리스도인들은 그와 같은 감정들을 가져서는 안되지. 그들은 항상 기뻐해야만 해." 이것이 던에게는 이중 부담이 되었다. 그가 가진 문제와 더불어 그가 문제를 가지고 있다는 사실에 대한 죄책감까지 짊어져야 했기 때문이다.

던과 나는 많은 시간을 함께 보냈다. 하나님의 사랑과 은혜가 마음에 와닿기까지 그것을 이해하고 받아들이는 일이 그에게는 쉬운 일이 아니었다. 그 이유는 그가 어려서부터 지금 어른이 되기까지 가졌던 대인관계를 통한 그의 모든 경험들이 은혜와 사랑의 관계와는 상반된 것이었기 때문이다. 그에게는 하나님의 은혜를 믿고 느끼는 것이 매우 어려웠다.

그리고 던에게는 또 다른 문제가 생기게 되었다. 그가 자신의 어려운 문제를 떠안고 있는 동안 이성과의 잘못된 관계에 빠지게 된 것이다. 그는 이 여자를 자신의 우울증으로부터 벗어날 수 있는 방편으로 사용하곤 했다. 그가 그 그녀를 자신이 원하는 만큼 충분히 이용한 것은 사실이었다. 그는 그것이 죄라는 것을 알았다. 그런 식으로 다른 사람을 잘못 이용한 것에 대한 죄책감이 그의 문제 가운데 첨가되었다. 결국 그의 가짜 죄책감 위에 진짜 죄책감이 얹히게 되었다. 거듭 반복해서 눈물과 회개와 구원, 그리고 새롭게 하나님의 약속을 붙드는 하나의 전체적 주기를 통과했지만 얼마 안 가서 다시 문제 가운데 빠지고 말았다.

우리는 1년 이상 함께 이러한 과정을 통과했다. 이 기간 동안 과거에 경험했던 많은 아픈 상처가 치유되었고 잘못된 생각들이 재조정되는 일들이 있었다. 그는 숙제도 잘했고, 감정을 정직하게 표현하는 일지도 계속 써 나갔다. 좋은 책들도 읽고 테이프도 들으면서 많은 성경 구절들을 암송해 나갔고 구체적이며 적극적인 기도의 시간을 가졌다.

우리의 관계를 통해 그는 무엇인가를 다시 배우게 되었다. 그는 여러 번 내가 그를 거부하게끔 교묘하게 조정하기도 했고, 내가 그를 사랑으로 용납하려는 것을 뿌리치기도 했다. 던은 나로 하여금 그의 부모처럼 행동하도록 유도했고 또한 그가 생각했던 하나님의 방법대로 내가 그에게 대해 줄 것을 바랐다.

치유는 하룻밤 사이에 이루어지지 않았다. 그러나 하나님께 감사한 것은 그것이 이루어졌다는 사실이다! 천천히 그러나 확실하게 던은 상상할 수 없을 정도로 큰 하나님의 은혜와 하나님께서 그를 한 인격체로서 아무 조건없이 받아 주셨다는 것을 깨달았다. 우울한 횟수가 줄어들기 시작했다. 그는 자신의 우울한 감정들을 떨쳐 버리려고 애쓰지 않았지만 마치 봄에 새로운 잎들이 나오기 시작할 때 죽은 잎들이 떨어져 나가는 것과 같이 그러한 감정들이 저절로 없어져 버렸다. 그는 자신의 생각과 행동을 더 많이 조절할 수 있는 힘을 얻게 되었다. 우울증 증세는 더 이상 나타나지 않게 되었고 지금까지 그는 우리 모두가 일상 가운데 경험하는 감정의 변화만을 체험할 뿐이다.

내가 던을 만날 때마다 그는 미소를 지으며 이렇게 말한다. "박사님, 아직도 내 상태가 너무 좋은 것이 거짓말 같아요. 그런데 이것은 틀림없는 진실이랍니다!" 바로 그것이 메시지이다. 완벽주의자들의 문제는 은혜가 너무 좋기 때문에 진실이 아니라고 생각하게끔 조정된 것이다. 당신도 역시 '물론이지요, 나는 은혜를 믿습니다. 그러나…'라고 생각하지 않는가!

"내게로 오라"고 예수님은 말씀하셨다. "수고하고 무거운 짐 진 자들은 다 내게로 오라 내가 너희를 쉬게 하리라"(마 11:28). 이것이 기쁜 소식이 아닌가? 당신의 방법대로 살 필요가 없다. 여기에 더 좋은 삶의 길이 있지 않은가! "내가 너희를 쉬게 하리라 나의 멍에를 메라 … 내 멍에는 쉽고 내 짐은 가벼움이라"(마 11:28-30).

"내 멍에는 쉽다." 무슨 의미인가? 그의 멍에가 힘들지 않은 이유는 그것이 당신의 인격과 개성과 인간성에 알맞게 지워진 멍에이기 때문이다. "나의 짐은 가볍다"란 의미는 당신에게 맞는 멍에를 지워 준 그리스도가 결코 당신을 홀로 두지 않고 보혜사의 형태로 당신과 멍에를 함께 지신다는 의미이다. 그분은 당신 곁에 함께 계셔서 당신이 불편하지 않은 짐과 멍에를 질 수 있도록 도와주신다.

찰스 웨슬리(Charles Wesley)가 지은 찬송가에는 어떤 죄책감에 짓밟힌 완벽주의자의 마음속에 하나님의 치유하시는 은혜의 경험이 어떻게 작용했는지 나타나 있다.

일어나라, 내 영혼아, 일어나라

일어나라, 내 영혼아, 일어나라
네가 가진 죄책감의 두려움을 떨쳐 버리고
내 대신 피 흘리신 희생자가 나타나셨다
그 보좌 앞에서 나는 흔들리지 않고 설 수 있네
그 보좌 앞에서 흔들리지 않고 설 수 있네
내 이름이 그의 손바닥에 새겨져 있네

그는 영원히 위에 계시네
나를 위해 간구하시기 위해서
모든 것을 구속하시는 그의 사랑과
그의 귀한 보혈이 나를 변호하시네

그의 피가 우리 모든 인류를 대속하셨네

그의 피가 우리 모든 인류를 대속하셨네

그리고 지금은 그것을 은혜의 보좌에 쏟아 놓으시네

다섯 개의 피나는 상처를 갈보리에서 받으셨네

그 상처들로부터 효력 있는 기도들이 쏟아졌네

나를 위해 강하게 변호하셨네

"그를 용서하라. 오, 용서하라"고 부르짖네

"그를 용서하라. 오, 용서하라"고 부르짖네

"속량된 죄인이 죽음에 넘기우지 않게 하라!"

아버지께서 그의 기도를 들으시네

그의 기름 부으신 사랑하는 자이시네

그는 자신의 아들이 있는 곳에서 떠나실 수가 없네

그의 성령이 보혈과 화답하네

그의 성령이 보혈과 화답하네

그리고 내가 하나님께로서 난 것을 증거해 주네

나는 하나님과 화목되었네

그의 용서하시는 음성을 나는 듣네

그는 나를 자녀로 삼으셨네

나는 더 이상 두려워할 수 없네

확신을 가지고 나는 지금 그에게 더 가까이 나아가네

확신을 가지고 나는 지금 그에게 더 가까이 나아가네

그리고 "아바 아버지"라고 부르짖네

"그는 실로 우리의 질고를 지고 우리의 슬픔을
당하였거늘 우리는 생각하기를 그는 징벌을 받아서
하나님께 맞으며 고난을 당한다 하였노라
그가 찔림은 우리의 허물 때문이요
그가 상함은 우리의 죄악 때문이라
그가 징계를 받음으로 우리가 평화를 누리고
그가 채찍에 맞음으로 우리는 나음을 받았도다
우리는 다 양 같아서 그릇 행하여 각기 제 길로 갔거늘
여호와께서는 우리 모두의 죄악을
그에게 담당시키셨도다 …
그가 자기 영혼을 버려 사망에 이르게 하며 범죄자
중 하나로 헤아림을 받았음이니라 그러나
그가 많은 사람의 죄를 담당하며 범죄자를 위하여
기도하였느니라"(사 53:4-6, 12).

8

완벽주의의
치료 과정

분노를 노출시키는 용기가 필요하다

완벽주의란 언제든지 자신이 세워 놓은 기준에 절대로 도달하지 못하며 자신이나 행동이 다른 사람을 절대로 만족시키지 못한다는 감정으로 가득 차 있는 상태를 말한다.

누구를 만족시킨다는 것인가? 모든 사람, 즉 자신과 다른 사람, 여기에는 하나님도 포함된다. 자연히 많은 경우에 그러한 감정과 함께 자신을 격하시키거나 자신을 경멸하게 되며 동시에 다른 사람들의 의견이나 인정을 받는 것, 그리고 인정을 받지 못하는 것에 대해 매우 예민하다. 그리고 이 모든 것들이 죄책감의 검은 구름을 동반한다. 완벽주의자는 항상 죄책감을 지닌다. 죄책감을 느낄 것이 없을 때는 아무것도 걱정하지 않는 것에 대한 죄책감을 느껴야만 한다.

완벽주의는 우리가 하나님께 대한 잘못된 개념을 갖도록 해 준다. 완벽주의자가 보는 하나님은 자신이 절대로 기쁘시게 할 수 없는 하나님이기에 그에 대한 의심과 반항심과 분노의 감정이 그를 지배한다. 이러한 완벽주의를 치료할 수 있는 방법은 예수 그리스도를 통해 우리에게 찾아오신 하나님의 은혜뿐이다. 그러나 이러한 치료를 경험하기 위해서는 치료 과정에 필요한 처방을 받아들여야만 한다.

치료는 하나의 과정이다

첫 단계에서 우리는 빠른 치료에 대한 모든 생각을 버려야 한다. 극적인 치료를 받으면 순식간에 고칠 수 있다는 말에 현혹되지 말라. 실제로 빠른 해결책을 찾는 것 자체가 이 병의 일부분이 될 수 있다. 완벽주의는 '만약 그렇게 했더라면'이 특징이다. "만약 내가… 할 수 있었다면, 괜찮았었을 텐데." 빈칸을 무엇으로 채우겠는가?

긍정적인 내용으로 채울 것인가? "내가 … 말씀을 읽고, 기도하고, 헌금을 내고, 전도를 하고, 봉사를 할 수만 있었다면?" 혹은 부정적인 내용인가?

"내가 포기할 수만 있었다면…", "내가 중지할 수만 있었다면…", "내가 그만둘 수만 있었다면…", "내가 네 가지 법칙 또는 세 가지 단계를 따를 수만 있었다면, 혹은 두 가지 축복 또는 한 가지 선물만 받을 수 있었다면 진정 문제가 없었을 텐데!"

빨리 해결해 보려고 안간힘을 다하는 것은 요행을 바라는 일이지 기적을 추구하는 태도가 아니다. 치유는 하나의 과정이다. 당신이 완벽주의자가 된 것이 하룻밤 사이에 이루어진 일이 아니라면 치유 또한 하룻밤 사이에 이루어지지 않을 것이다. 은혜 안에서 자라가며, 자신의 생각을 재조정해야 한다.

그리고 생활 전반에 걸쳐서 치유가 이루어져야 한다. 이것은 그릇된 개념을 가지고 있는 당신의 생각이 고쳐져야 하며 손상된 정서 생활이 회복되어야 함을 의미한다. 또한 자신을 과소 평가하는 그릇된 태도가 고쳐져야 하며, 화합하지 못하는 그릇된 태도가 변하고, 파괴된 대인관계가 회복되어야 함을 의미한다.

또한 당신에게는 기억 속에 남아 있는 것들에 대한 깊고도 근본적인 치유가 필요하다. 이러한 파괴적인 기억들은 당신의 마음속에서 사라지지 않으면 안된다. 이것은 마치 천천히 돌아가는 비디오 테이프처럼 마음속에 계속 머물러 생활을 방해하는 요소가 된다.

우리는 이 모든 것이 꽤 큰 작업이라고 생각할지 모른다. 맞다! 사실 큰 작업이다. 그리고 순순히 이 과정을 따르기 시작하는 것이야말로 이러한 완벽주의적인 증세를 고치는 길이다.

하나님은 당신을 기쁘게 받으신다

이 치유 과정의 단계들을 통과하는 동안 하나님의 은혜가 당신과 함께할 뿐만 아니라 하나님께서 그 과정을 통과하는 당신을 기쁘게 받으실 것이다. 성경에서 말하는 은혜는 항상 은혜를 주시는 분이 우리와 함께 계시다는 사실과 병합되어 나타난다.

우리는 은혜라는 단어를 마치 하나님께서 나누어 주시는 어떤 상품처럼 취급해서는 안된다. 은혜라는 말은 은혜로우신 하나님이 우리에게 찾아오신다는 뜻이다. "내 은혜가 네게 족하도다"(고후 12:9). 그냥 은혜가 아니라 "내 은혜"이다. 사도 바울이 즐겨 사용하던 구절은 "우리 주 예수 그리스도의 은혜"였다(고전 16:23, 갈 6:18, 빌 4:23, 살전 5:28, 살후 3:18).

은혜란 어떤 상품을 말하는 것이 아니라 우리 주님을 의미한다. 그분은 은혜로우신 성품을 통해서 우리에게 찾아오신다. 사랑이 넘치고 은혜로우신 하나님이 우리의 있는 모습 그대로를 받아 주신다. 그리고 우리가 온전한 모습을 갖출 때가 아니라 지금 바로 이 순간, 우리에게 사랑스러운 마음으로 자신을 내어 주신다.

하나님께서는 이러한 치유의 과정을 통과하는 당신에 대하여 마치 자녀들을 사랑하는 부모들이 그들의 첫 걸음마를 볼 때와 같이 기뻐하신다. 가정에서 아이가 걸음마를 시작할 때, 특히 그것이 첫 아이일 경우 부모들은 특별한 경험을 하게 된다. 아이가 넘어지는가 하면 가구를 쓰러뜨리기도 하고 전기스탠드가 조금 구부러지기도 한다. 그러나 어떤 부모도 자녀가 걸음마를 잘못하는 것에 대해서 꾸짖거나 불쾌하게 생각하지 않는다. "애야, 좀 더 잘 해야 한다"라고 소리치는 아버지가 있겠는가? 아니면 "어리석게도 그렇게 걷다니, 그러니까 넘어지고 다치지 않느냐"라고 꾸짖는 어머니가 있는가?

그러나 우리는 얼마나 자주 하나님을 신경질적인 부모로 만들어 버리고 마는가? 만약 예수님이 산상수훈을 가르치신다면 이러한 말씀을 하실지도 모른다. "너희가 악한 자라도 좋은 것으로 줄 줄 알거든 하물며 하늘에 계신 너희 아버지께서 구하는 자에게 좋은 것으로 주시지 않겠느냐"(마 7:11). 하나님께서는 당신이 고침받는 과정을 통과하는 것을 보시면서 기뻐하실 것이다.

이것과 함께 하나의 처방전 역할을 할 수 있는 기도문을 제안하고자 한다. 필요할 때마다 종종 이렇게 기도하라. "주님, 고맙습니다. 당신의 완전한 계획에 따라서 저를 치유하고 계신 것에 감사드립니다."

완벽주의 증세를 치료하는 과정이 결과적으로 또 하나의 짜증스러운 부담을 만들거나, 치유의 속도가 느린 것에 대해 화를 내는 일은 없어질 것이다. 오히려 하나님의 은혜로우신 손길을 항상 느끼면서 감사의 기도를 올릴 수 있다.

뿌리가 되는 정서적 원인들

정서적 문제들의 원인들은 대부분 어린 시절에 관계를 맺었던 사람들로부터 온다. 우리는 그들이 비추어 준 창문을 통해 하나님과 사람들과 인생을 바라보게 되는데, 거기에 문제가 있을 수 있다.

우리는 육신의 부모를 통해 하나님 아버지에 대한 인식과 느낌을 계속적으로 얻게 된다. 또한 이러한 느낌들은 질서 없이 혼동되어 있는 경우가 많다. 하지만 이러한 죄책감에 물든 모순된 감정들은 진정으로 하나님으로부터 온 것이 아니다. 그것들은 많은 경우 부모나 형제로부터 받은 느낌을 계속 연장하고 있는 것이거나 우리를 억누르고 있던 것이 원인이 되어 나타난 문제들이다. 기억해야 할 사실은 다른 사람을 대하는 우리의 기본적 자세란 우리가 경험한 가족관계를 통해 형성된다는 것이다.

만족을 모르는 부모들

완벽주의와 우울증을 일으키는 가족관계의 가장 공통된 문제는 만족을 모르는 부모들이 있다는 것이다. 그러한 부모들은 자녀들에게 자기들이 정해 놓은 어떤 기준에 도달할 것을 요구하는 조건적인 사랑만 하게 된다. 최고 점수를 얻는 것이라든지, 운동 경기를 할 때도 가장 훌륭한 선수가 되어야 한다든지, 영적으로도 아주 훌륭해야 한다는 등의 높은 기준을 요구한다. 칭찬의 말로 인정해 주는 경우는 극히 드문 반면 비판은 많이 한다. 인정을 할 경우에도 조건을 붙인다. 격려를 할 때에도 "네가 더 잘 할 수 있었을 텐데"라는 사실을 강조하는 것이 꼭 따르게 마련이다.

성적표에 A가 세 개나 되는 것은 보지도 않고 B가 있는 것에 대해 "내 생각에는 네가 좀 더 노력하면 B를 A로 올릴 수 있을 것 같구나"라고 말한다. 이 말을 듣고 자녀는 좀 더 열심히 노력해 B 대신 A를 받는다. 물론 어머니가 기뻐하실 것이라고 생각하며 성적표를 보이는 자녀를 잠시 동안 바라본 어머니는 갑자기 이마를 찌푸리며 이렇게 말한다. "어머나! 너 옷에 이 얼룩은 또 어디서 묻혀 왔니! 식당에서 음식물을 쏟았나 보구나, 그 꼴을 하고 하루 종일 돌아다닌 거야?" 이 말을 다르게 해석하면 "이 은혜를 모르는 아이야. 네가 다른 사람들 앞에서 나를 망신시키며 돌아다녔구나"가 된다. 만족할 줄 모르는 부모들과 조건적인 사랑이 이룰 수 없는 목표들과 도달할 수 없는 기준들을 만들어 낸다.

몇 년 전이었다. 한 자매가 나에게 말하기를 자기는 내 설교 가운데 '순종하라' 혹은 '순종'이란 말만 나오면 불안과 죄책을 느낀다고 했다. 그녀의 어머니는 딸을 아침에 놀러 내보내기 전에 아주 예쁜 옷을 입혀 주곤 했다. 그리고는 늘 말하기를 "애야, 나가서 놀 때 네 예쁜 옷에다 흙을 묻히면 안된다. 내가 그 옷 가장자리 주름 장식을 다림질하느라고 얼마나 힘들었는 줄 아니?" 그 아이의 드레스가 오후나 저녁 때쯤 되면 어떻게 되겠는가를 상상해 보라. 마침내 어린 딸이 집에 들어선 것을 본 어머니는 화를 내며 딸을 꾸짖는다. "이 장난꾸러기야, 너는 내 말에 절대로 순종하지 않는구나."

얼마나 어리석고도 비현실적이며 조리에 맞지 않는 요구가 그 아이에게 주어진 것인가! 그리고 그 요구를 이루지 못한 아이에게는 죄책감과 형벌에 대한 두려움이 따르게 된다. 이 가정이 매우 종교적인 가정이라는 사실을 감안할 때 그 아이가 자라서 성인이 된 지금 아직도 하나님에 대한 그릇된 개념과 낮은 자존감 그리고 죄책감의 문제를 가지고 갈등하고 있다는 것은 이상한 일이 아니다.

예측할 수 없는 가정의 분위기

찰스 디킨스(Charles Dickens)는 그의 한 작품에서 이러한 말을 했다. "어린아이들의 세계에서는 다른 무엇보다도 불의를 경험하는 것이 가장 큰 괴로움이다." 예측할 수 없는 가정 분위기에서 불의를 경험하게 된다. 부모들이 자신의 감정을 조절할 수 없는 경우 그 자녀는 부모가 자신에게 어떻게 대할 것인가를 절대로 예측하지 못한다.

베스(Beth)는 매우 굴곡이 심한 신앙생활을 했다. 그녀는 열심히 노력했지만 믿음을 가지는 것이나 하나님을 의지하는 일이 매우 어려웠다. 어떤 때는 정죄감이나 죄의식이 너무나 커서 도저히 교회에 나올 수 없을 정도였다. 마침내 우리는 이러한 약속을 했다. 내가 설교하는 동안 그녀가 참기 어려운 경우가 생기면 뒷자리에 앉아 있다가 밖으로 살짝 나갈 수 있도록 했다. 나는 베스가 설교 도중에 일어나서 밖으로 나가는 것을 자주 보았다. 설교 내용이 그렇게 어렵지 않을 때도 자주 그런 상황이 생겼다.

그녀가 자라난 가정은 과연 어떠한가? 그 가정은 마치 밤낮으로 계란의 껍질을 밟고 사는 가정과 같았다. 그녀의 아버지는 알코올 중독자였다. 어머니는 조용하고 부드러운 편이었지만 언제 폭발할지 모르는 휴화산 같았다.

베스가 한 표현 중에 지금도 잊혀지지 않는 것이 있다. "저는 부모님이 저를 껴안아 주실지 혹은 때릴지 전혀 알지 못했어요. 그리고 양쪽 경우에 다 왜 그렇게 하셨는지 이유를 알 수가 없었지요." 그러한 경험을 했던 그녀는 부모들처럼 하나님도 예측할 수 없고 비이상적이며 믿을 수 없는 분으로밖에 생각되지 않았다.

그러한 정서적인 상처가 있었던 것 이외에 그녀는 외적인 상처도 경험했다. 턱뼈가 어긋났던 연고로 그녀는 한때 수술을 받아야 했었다. 마음속 깊이 남아 있던 그녀의 과거 상처들이 먼저 치료되어야 할 필요성이 있었다. 그 후에야 비로소 그녀는 각양 좋은 은사와 온전한 선물을 내리시고 변함도 없으시고 회전하는 그림자도 없으신 빛들의 아버지이신 하나님을 믿을 수 있었다(약 1:17).

그러한 가정환경이 정서적 불구자들과 완벽주의자를 만들어 내는 온상의 역할을 한다는 것을 쉽게 볼 수 있다. 만족하기 어려운 부모들, 자신을 용납하지 못하는 것, 비현실적이고 높은 기준, 불확실한 표현, 참을 수 없는 갈등들 등 이 모든 것들이 사람들로 하여금 그릇된 반응을 나타내게끔 조정한다.

당신은 치유가 시간과 노력을 요하는 과정이라는 이유를 이해하는가? 또한 많은 경우 상담자의 도움이 필요하고, 언제든지 지원해 주며 사랑을 나누는 그리스도의 몸에 속한 지체들로서의 교제가 필요한 이유를 이해하는가? 우리에게는 다른 사람으로부터의 칭찬과 지원이 얼마나 필요하며 또한 그리스도의 몸에 속한 지체들로부터 섬김을 받는 것이 얼마나 필요한가! 야고보서 기자는 잘못된 것을 재조정하며, 새롭게 하며, 치유하는 과정에서 많은 경우 우리가 서로 나누어 주고 서로를 위해 기도할 때에만 그것들이 가능하게 된다는 것을 암시하고 있다(약 5:16).

책임감 없이 주고받는 말들

우리에게 찾아오는 수없이 많은 상처를 분류하기란 쉬운 일이 아니다. 그것들은 타락한 세상에서 찾아볼 수 있는 삶의 부속품이며 삶의 일부분이다.

벤(Ben)은 내가 상담했던 사람들 중에서 가장 수줍음이 많은 사람 중의 한 명이다. 나는 그의 음성을 제대로 들을 수조차 없었다. "무슨 말을 했지, 벤?" 우리는 그의 목소리의 크기를 키우는 연습부터 시작했다. 나는 그로 하여금 내 앞에서 책을 읽도록 주문하곤 했다. "벤, 좀 더 크게. 자신 있게 소리를 높여 읽어 봐!"

그는 자신이 다른 사람에게 부담이 될까 봐 매우 두려워했다. 그의 그러한 태도로 인해 사람들이 그를 대하기 불편해 했다. 그가 혹시 "내가 살아 있어 죄송합니다"라고 쓴 표지를 달고 다니는 건 아닐까 걱정할 정도였다.

우리가 서로 이야기하는 과정 가운데 벤은 차도를 보이기 시작했다. 진정한 치유의 기회는 풍요로운 결혼이란 주제를 다룬 주말 수련회 기간에 주어졌다. 서로를 사랑해 주며, 용납하고, 칭찬해 주는 부부들로 구성된 모임 가운데서 벤은 그가 과거에 경험했던 일련의 아픈 상처들을 회상하기 시작했다. 그는 이웃에 사는 사람들이 그의 가정에 대해 이야기하는 소리를 들었던 것을 기억했다.

알고 보니 그의 어머니는 의지가 약하고 신경질적인 여자였고 신경쇠약 증세로 고생하며 수년 동안 정신이 반은 마비된 상태로 지내야만 했다. 그런데 동네 사람들은 그녀가 신경쇠약증에 걸린 것이 그녀의 아들 때문이었다고 수군거렸다. 그 이유는 그녀의 어린 아들이 엄마 곁에서 떠날 줄을 모르며 엄마의 앞치마 자락에 매달리고 엄마가 눈에 보이지 않으면 큰일이 나는 줄 알았기 때문이다. "너 때문에 너희 어머니가 신경쇠약증에 걸렸고 신경쇠약증 환자가 되었다"라는 이야기를 들었던 어린아이나 심지어는 사춘기의 소년에게는 그것이 마음속에 꽤 큰 부담으로 남아 있을 수밖에 없었다.

벤은 자신이 얽매였던 것들로부터 자유함을 경험하면서 흐느껴 울었다. 그리고 거기에 모인 그룹들이 얼마나 아름답게 그를 사랑해 주고 용납했는지 알게 되었다. 그의 어깨에서 큰 짐이 벗어지고 지금까지 오랜 세월 동안 자신이 받았던 부당한 고소에서 해방되어 더 이상 마음속에 그것에 대한 참회를 하지 않아도 된다는 것을 깨닫게 되었다.

사람들이 책임감 없이 주고받는 이와 같은 말들이 한 사람에게 얼마나 큰 상처와 손해를 입히는지 아무도 모른다. 어린 마음속에 심겨진 상처와 수치와 증오의 씨앗이 시간이 지나면서 곪아 터져서 고름이 나오고 어른이 된 후의 인격 속에까지 그 균을 전염시키는 것이다.

이와 같은 말들을 들어보라. "나는 그 아이가 자라서 에드 삼촌

같이 될까 봐 두렵다." 에드 삼촌은 어떤 사람인가? 그는 10년 간 교도소 생활을 하다가 정신병원에서 생을 마감했다.

혹은 이러한 말을 듣는다. "야, 저 아이 생김새 좀 봐. 자기 형은 잘생겼는데 하나도 안 닮았으니 얼마나 안타까운 일이야?"

혹은 예쁘게 생긴 언니가 있는 어린 소녀가 친척들과 만난 자리에서 그들이 이렇게 속삭이는 것을 엿듣는다. "언니만큼 예쁘지 않고 그저 평범하게 생겼구나."

서구 사람들 사이에 팽배해 있는 성(性)과 관련된 많은 감정의 상처에 대해 나는 무슨 말을 해야 할지 모르겠다. 거기에는 상처와 고뇌와 죄의식과 두려움과 증오의 감정들이 한데 섞여져 있다. 미숙한 나이에 형제들 간에도 서로 신체의 상이점을 발견하면서 성에 대한 호기심을 가지게 된다. 누나 혹은 오빠가 동생들을 달래거나 위협해서 그들을 이용하는 경우가 있다. 그 미숙한 나이에 성을 그릇된 방법으로 경험하는 일은 마치 110볼트의 전기줄로 800볼트의 전기를 통하게 하는 것과 흡사하다. 아버지나 의붓아버지가 딸을 아내나 접대부같이 취급하기도 한다. 이러한 그릇된 성적 경험은 아주 무시무시한 정서적 갈등을 초래한다.

두려움과 갈망이 존재하며 공포와 쾌락, 사랑과 미움의 감정들, 이 모든 것이 합해져 한 인간의 마음을 갈기갈기 찢어놓은 듯한 사나운 정서적 지진을 경험하게 한다.

화를 노출할 용기

증오감에 관해 이야기해 보자. 그것은 정말 문제이다. 화나 원통이나 증오는 우리 마음속 깊은 곳에 감추어지게 마련이다. 나는 종종 사람들과 상담할 때 이런 질문을 한다. "격분이라는 말이 너무 강한 표현입니까?" 그들은 많은 경우에 고개를 가로 저으며 "아니오. 적당한 표현입니다"라고 답한다.

겉으로 온유한 것처럼 꾸미려는 가식에 빠지지 않게 하라. 어떤 것에 대해 그다지 화를 내는 법이 없는 완벽주의적인 정서의 문제를 가진 사람에 관해서는 추후에 다루기로 하자. 화는 수줍음과 온유함과 영적인 경건의 밑바닥에 깔려 숨겨진다. 그러나 그것은 없어지지 않고 거기에 그대로 남아 있다.

치유의 과정에는 화를 노출시킬 수 있는 용기가 꼭 필요하다. 내면의 화를 하나님 앞에 내어놓고 십자가에서 그것이 용서된다는 사실을 믿고 나아가야 한다. 그것을 시인하고, 대면하고, 굳게 결심하기 전까지는 고침을 받지 못한다. 마음의 결심이란 상처를 주거나 모욕을 준 사람들을 모두 용서하는 것을 의미하며, 그 사람들에게 대항해 싸워 이겨야 한다는 모든 욕망을 포기한다는 것을 의미한다. 또한 이는 죄의식으로 고민하고 있는 당신의 영혼을 하나님의 사랑으로 깨끗이 씻어내는 것을 의미한다.

나는 수년 전에 기독교 대학의 교수로부터 전화를 받고 깜짝 놀란 적이 있었다. 그는 내가 그의 학교에서 부흥 집회를 인도할 때 들었던 말들을 기억하고 전화를 했다. "저는 목사님께서 이렇게 말씀하신 것을 기억합니다. 누가 우리에게 자극적인 말을 할 때마다 그 말들에 대해 지나친 반응을 보인다면 주의하세요. 그것은 아마 당신의 마음속에 깊이 감추어진 상처를 누가 건드렸기 때문인지도 모릅니다. 목사님, 바로 저에게 이러한 현상이 나타나고 있습니다."

그리하여 그는 내가 사는 곳까지 찾아왔고 우리는 약 일주일 동안 함께 시간을 보냈다. 그는 학식이 많고 성경 지식도 풍부한 매우 영적인 사람이었다. 그러나 그는 가르치는 대학에서 어떤 대립이 있었고 무섭게 화를 내었다. 격분했다는 표현이 자신에게 아주 적합했다고 한다. 스스로 놀랐을 뿐 아니라 큰 죄책감을 느끼게 되었다. 그는 어찌할 바를 알지 못했다. 그는 이 문제를 해결해 보려고 성경 말씀도 많이 읽고 기도도 많이 하고 하나님께 이 모든 일들을 맡기려고 했지만 크게 도움이 되는 것 같지 않았다. 그는 어찌할 바를 모르는 극한 상황에서 고민하는 가운데 나에게 이렇게 고백했다. "나도 믿을 수가 없어요. 그러나 그때의 나는 밖으로 뛰쳐나가서 누구를 죽이고 싶은 심정이었습니다."

그가 가지고 있던 문제의 근원은 쉽게 찾아낼 수 있었다. 그러나 문제는 그가 그것을 받아들이지 못하는 데 있었다. 그는 자신의 문제를 나에게 이야기하면서 계속 "아니, 그렇게 어처구니없는 일을 가지고 그럴 수가 없는데"라고 반복해서 말했다. 나는 그에게 "어처구니없는 것이 무슨 관계가 있습니까? 그것에 관해서 말해 주십시오"라고 말했다.

그는 영리하고 조숙한 아이로서 날 때부터 지식인으로 태어났다. 여섯 살 때 열다섯 살의 지능을 지닌 부류에 속하는 아이였다. 그는 너무 영리한 나머지 똑똑하지 못한 사람들과는 어울리기가 매우 힘들었다. 교실에서는 일등이었지만 운동장에서는 언제나 꼴찌였다. 노는 시간이 그에게는 매우 괴로웠다. 천재적인 소년이지만 다른 아이들과 잘 어울리지 못하기 때문에 애들로부터 놀림을 받고 조롱당한 일들이 그의 잠재의식 속에 지워지지 않고 남아 있었다. 장난이 심한 거친 아이들이 그에게 집적거리고, 괴롭히고, 넘어뜨리고 몸에 상처를 입혔다.

이런 일들로 인해 그는 정서적인 불구를 경험하게 되었던 것이다. 자신이 그 사건을 얼마나 예민하게 기억하고 있었던가에 대해 스스로 놀라지 않을 수 없었다. 그는 그때 자기를 골탕 먹였던 아이들의 이름을 모두 기억하고 있었다. 심지어 그 애들이 무슨 옷을 입고 있었는지까지도 기억하고 있었다. 그 후 수년이 지났지만 그의 기억 속에 그 모든 것들이 지워지지 않고 그대로 있었다.

그러다가 이 모든 격분들이 분출되었던 것이다. 우리는 그가 과거에 경험했던 여러 가지 경우의 일들을 하나하나 열거했고 그는 그때에 자기를 놀려댔던 아이들의 이름을 하나하나 불렀다. 그가 용서해야 할 대상들이 우리 앞에 놓여 있었다. "댄을 용서하시겠습니까? 샐리를 용서하시겠는지요? 또 누구를 용서하시지 않겠습니까?"

이렇게 하는 것이 하찮은 것같이 들릴지 모른다. 그러나 정반대로 그에게는 이것이 굉장히 고통스러운 경험이었다. 그는 기도로서 자신에게 견딜 수 없는 괴로움을 주었던 아이들 한 사람 한 사람을 용서할 수 있는 은혜를 경험했다. 성령님께서는 그러한 아픔이 담겨진 기억 속에서 독소를 제거해 주시고 스스로가 조절할 수 없는 분노의 권세로부터 그를 해방시켜 주셨다.

그것이 그가 깊은 변화의 체험을 하게 된 첫 단계였다. 그리고 그는 시간이 흐름에 따라 치료하시는 하나님의 능력으로 마음에 괴롭고 아프게 뚫렸던 구멍들이 다시 아물게 되는 치유의 경험을 하게 되었다.

하나님께서 정하신 의(義)

마음속에 원통함을 품게 되는 근본 원인은 불의에 대해 참지 못하는 화(분노) 때문이다. "나는 내게 주어진 환경에 의한 희생물이었어. 선택권이 나에게 주어지지 않았으니 말이야. 내가 원하지 않은 가정에서 태어나서 원하지 않은 부모를 만났던 거지. 나에게 병이 생기고 신체적 부자유함이 있었던 것도 내가 원했던 것이 아니란 말이야. 나는 환경에 의한 희생물이고 내가 받는 고통과 수치와 상처는 다 공평하지 못하거든." 이러한 숨겨진 분노가 종종 완벽주의자들로부터 나오는 것을 볼 수 있다. 그들은 눈에 보이는 모든 잘못된 것들을 교정하려고 하며 이 세상의 모든 잘못된 것들을 바로잡기를 원한다.

이렇게 손상된 사람이 치료를 받기 위해 나아가야 할 곳은 바로 모든 불의(不義)의 총 집결지인 십자가이다. P.T. 포사이스(P.T. Forsythe)가 쓴 심오한 책이 있다. 그는 거기서 십자가를 "하나님께서 정하신 의(義)"라고 불렀다.[7] 예수님은 십자가에서 우리가 억울하게 받은 고통과 더불어 마땅히 받아야 할 형벌을 대신 받으셨다. 이것을 통해 우리는 하나님께서 온전히 우리와 같은 입장을 취하셨다는 것을 알 수 있게 되었다. 이 세상에서 일어나는 어떤 일도 십자가에서 일어났던 일보다 더 불의한 것은 없다. 이 세상에서 아무도 우리 주님만큼 배척을 당했던 사람은 없다. 그가 받았던 고소와 시련, 그리고 그의 십자가에 못박힌 사건은 말할 수 없이 불의한 것이었다.

절대로 "하나님은 내가 받는 고통을 이해하시지 못해"라고 말하지 말라. 하나님이 우리에게 고통을 허락하신다면 그 고통을 우리와 함께 짊어지신다. 그분은 도살장에 끌려가는 양과 같이 되었고, 모든 권한은 박탈되었다. 모든 능력은 정지되었다. 친구들로부터의 지원도 받지 못했다. 제자들은 예수님이 멸시를 당하고 조롱당하고 채찍으로 맞는 동안 그분을 배반하고 도망쳐 버렸다. 예수님은 사람들로부터 "네가 하나님의 아들이라구? 자, 네가 그렇게 위대한 사람이라면 거기서 내려와서 그것을 우리에게 증명해 봐"라는 조롱의 말을 들어야만 했다.

우리는 십자가를 바라볼 때 그리스도는 유일하신 진리 그 자체임을 깊이 볼 수 있게 된다. 그는 단순히 우리 모두를 위해 밝게 빛나는 하나님의 아름다운 진리만이 아니다. 그의 십자가는 우리 모두에 관해 무시무시하게 몸서리치는 사실을 말해 주는 진리이다. 그것은 타락하고 죄 많은 이 세상에 침투되어 있는 시기와 미움에 대한 것을 말해 주는 진리이며 욕망과 이기심에 대한 것을 말해 주는 진리이다.

이 세상에서 생명이 되는 진리는 하나님의 아들이 십자가에 못 박힌 것에서부터 비롯된다. 지금 우리는 이 타락한 세상에 살면서 우리가 경험하는 사람들을 하나님께서 이해하신다는 것을 알 수 있게 되었다. 그는 한 번 상처를 경험한 적이 있는 치료자이시다. 그는 우리의 연약한 감정을 스스로 체험하신 우리의 대제사장이시다.

여기에 모든 완벽주의자들에게 너무 좋기 때문에 진실로 믿어지지 않는 놀라운 소식이 있다. 사실상 그들은 마음속에 가지고 있는 모든 갈등을 하나님과 함께 나눌 수 있다고 생각하지 않기 때문에 그 문제를 그대로 파묻어 두는 사람들이다. 나는 사람들로부터 여러 번 이러한 말을 들어 왔다. "이런 것들을 어떻게 하나님께 말씀드럽니까? 어떻게 감히 나의 상처와 수치와 분노, 사람들을 향해 품은 원통함, 하나님께 대한 원통함까지 말할 수 있습니까? 어떻게 그러한 것들을 그분과 나눌 수 있습니까?"

당신은 이해하지 못하는가? 십자가에서 그 모든 것들을 포함해서 그 이상의 것들도 그리스도가 이미 경험하셨다는 사실을! 하나님께서는 십자가에서 이러한 모든 종류의 괴로운 심정들을 그리스도의 사랑 안으로 흡수시키셨다. 그것들은 예수의 심장 속으로 깊이 파고 들어갔고, 그 영혼을 깊이 찔렀다. 그리고 하나님께서는 그것들을 깊은 물속에 던지신 것처럼 완전히 용서하시고 기억하지 아니하신다.

사도 바울은 과거에 그리스도를 믿는 믿음을 정면으로 대적하고, 예수 그리스도를 증오한 사람이었다. 그는 예수님께 모욕적인 욕을 퍼붓고 첫 순교자였던 스데반이 살해되는 현장에 있음으로 자신의 분노를 표출했던 사람이었다. 바울은 후에 하나님의 은혜로우신 사랑 속에 그 모든 분노가 흡수되어 버린 것을 발견했을 때 이와 같이 기록했다. "하나님께서 그리스도 안에 계시사 세상을 자기와 화목하게 하시며 ('세상' 대신에 자기 이름을 넣어 보라), 나를 하나님과 화목하게 하시며, 나의 죄를 나에게 돌리지 아니하시고"(고후 5:19 참조).

우리가 고민하고 있는 상처와 증오와 영혼의 분노들은 하나님께서 들으시는 고로 무엇이든지 그분 앞에 터놓을 수 있다. 그가 우리의 문제를 이해하시기 때문에 무엇이든지 그분께 가지고 나아갈 수 있다. 하나님은 우리를 아무 조건 없이 사랑과 은혜로 받아 주실 것이다.

예수님께서는 우리 모두가 이것을 쉽게 진리로 받아들이기 어려울 것이라는 사실을 아셨다. 그러므로 십자가에 못박히시기 전날 밤 성만찬을 베푸신 것이다. 빵과 포도주라는, 우리가 느끼고 만질 수 있고 맛볼 수 있고 냄새 맡을 수 있는 단순한 것들을 취하셔서, 우리에게 이렇게 말씀하셨다. "그들이 먹을 때에 예수께서 떡을 가지사 축복하시고 떼어 제자들에게 주시며 이르시되 받아서 먹으라 이것은 내 몸이니라 하시고 또 잔을 가지사 감사 기도하시고 그들에게 주시며 이르시되 너희가 다 이것을 마시라 이것은 죄 사함을 얻게 하려고 많은 사람을 위하여 흘리는 바 나의 피 곧 언약의 피니라"(마 26:26-28).

우리가 그의 몸을 상징하는 떡을 떼어 먹을 때 우리는 깨어져 못쓰게 된 것을 고치시고 온전케 하시기 위해서 자신의 몸이 찢기심을 당한 예수님을 기억하게 된다. 우리가 잔을 받을 때 우리의 영혼과 몸에 그가 용서하시고 치료하시는 사랑을 받아들이는 것이다.

"오, 한 번 상처를 입은 경험이 있는 치료자시여, 자신의 몸을 깨뜨린 분이시여, 우리는 깨어진 삶의 상한 한 부분을 한 부분을 모두 당신께 드립니다. 당신께서 받으시고 그 모든 깨어진 조각들을 맞추셔서 온전하게 해 주실 것을 믿습니다. 아멘."

"우리는 자기를 칭찬하는 어떤 자와 더불어 감히 짝하며 비교할 수 없노라 그러나 그들이 자기로써 자기를 헤아리고 자기로써 자기를 비교하니 지혜가 없도다 그러나 우리는 분수 이상의 자랑을 하지 않고 오직 하나님이 우리에게 나누어 주신 그 범위의 한계를 따라 하노니 곧 너희에게까지 이른 것이라 … 자랑하는 자는 주 안에서 자랑할지니라 옳다 인정함을 받는 자는 자기를 칭찬하는 자가 아니요 오직 주께서 칭찬하시는 자니라"(고후 10:12-13, 17-18).

"중심이 진실함을 원하시오니 내게 지혜를 은밀히 가르치시리이다"(시 51:6).

9

초인적 자신과
실제적 자신

이상이 아닌 실제 자신의 모습을 대면하라

완벽주의자는 그리스도 안에서 자신의 참된 모습대로 사는 방법을 배워야 한다. 그러나 참된 자아로 살고자 할 때 완벽주의자들은 가장 큰 난관에 부딪히게 된다. 이때 그들은 가장 깊은 치료를 필요로 하게 되며 자신의 생활을 전적으로 재프로그래밍(Reprogramming)해야 한다. 아마도 완벽을 추구하는 가장 무서운 결과는 참된 자아로부터 멀어지는 일일 것이다. 이러한 현상이 어떤 경로를 통해 어떻게 일어나는가를 알아보기로 하자.

아이들은 성장해 가며 자신에 관한 이야기를 듣게 된다. 또 하나님과 다른 사람들에 관한 이야기도 듣게 된다. 또 다른 사람들과 어떠한 관계를 가져야 하는지에 관해서도 이야기를 듣는다. 이러한 이야기들은 다른 사람들로부터 듣거나 혹은 스스로가 알게 된 것들이다. 그것들은 직접 말로나 행동을 통해 알게 된 것도 있지만, 말이나 행동 뒤에 숨어 있는 간접적인 암시를 통해서 알게 되는 것도 있다. 대개 이것들은 여러 가지 요소들이 복합되어 나타난다. 그리고 아이들이 의식하지 못하는 사이에 그 이야기들은 서서히 그러나 확실하게 그들 속에 끝까지 전달되게 마련이다.

부정적인 이야기를 계속 전달받아 온 아이는 결국 이렇게 이해하게 된다. "나는 내 실제 모습 그대로를 가지고는 다른 사람으로부터 사랑과 인정을 받을 수 없어. 내가 다른 사람으로부터 인정받기 위해서 할 수 있는 모든 방법을 써 보았어. 그러나 결국 나는 내 실제 모습으로는 다른 사람들의 사랑과 용납을 받을 수 없다는 것을 알았어. 그러므로 나는 실제적인 내 모습과 다르게 보여야만 다른 사람들로부터 사랑과 인정을 받을 수 있어."

이 아이는 조용히 앉아서 이 모든 것들에 대한 자세한 내용을 규명해 내지 않는다. 그는 자신의 생애에 있어서 무엇이 문제가 되는지도 알지 못한다. 실제로 그에게 문제가 되는 것은 하나님이 인간에게 부여하신 욕구들에 대한 깊은 성취감을 경험하지 못하는 것이다. 이것은 인간 발달 과정에 있어서 알아야 할 기초적인 사실이다. 안정감을 느끼거나 타인에 의해서 인정을 받는 것 또는 소속감을 갖는 것이나 자신의 가치를 인정받는 이 모든 것들이 무엇인지 그에게는 생소하게만 느껴질 뿐이다. 다른 사람으로부터 사랑을 받고, 다른 사람을 사랑해야 하는 욕구가 그에게는 채워지지 않은 채로 남아 있다.

그 대신 그에게는 깊은 근심이 쌓이게 되고 불안감과 무가치함과 무감각한 감정들이 그의 마음속에서 점점 더 크게 자라난다. 그리고 그 아이는 다른 사람처럼 되어 보려고 노력하면서 길고도 괴로운 여정을 하기 시작한다.

비극적인 것은 하나님이 그에게 부여하신 자아감의 뼈대가 자랄 수 있는 기회가 전혀 없었다는 사실이다. 그가 가지고 있는 독특한 재능도 계발되지 못한다. 그는 자신의 진실된 자아를 부인하거나 망가뜨리고 거짓된 자아를 그 자리에 대신 앉혀 놓는다. 하나님이 인도하시는 건전한 자아 발전을 위해 사용되어야 할 모든 정서적인 열심과 영적인 능력이 거짓된 이상적인 자아상을 꾸미는 데 사용되곤 한다.

불행하게도, 이 사람이 그리스도인이 된다 해도 지금까지 추구해 왔던 파괴적인 형성 과정이 자동적으로 중지되지 않는다. 용서와 사랑의 하나님이 자신을 받아 주신 것과 하나님의 은혜를 체험함으로 인해 진실되지 못했던 자신의 외적인 면들이 어느 정도 하나님의 처리하심을 받게 된다. 그는 이제 자신의 생애를 정직하고 새로운 마음으로 대할 수 있다.

그러나 문제의 심각성이 크고 정서적으로 매우 심한 상처를 받은 경우의 사람에게는 더 깊은 차원의 치료가 필요하다. 너무나 많은 경우 거짓된 자아의 문제가 그리스도인의 생활 영역으로 옮겨져서 신앙생활을 하는 가운데서도 그 문제가 다시 새로운 양상으로 나타나게 된다.

초인적 자신(Super You)과
실제적 자신(Real You)의 차이점

초인적 자신의 모습이란 무엇이며 실제적 자신의 모습이란 무엇을 의미하는가? 초인적 자신이란 당신이 다른 사람으로부터 사랑과 인정을 받고 이상적으로 보이려고 만들어 낸 거짓된 이미지이다. 당신은 지금까지 살아오는 동안 실제적으로 나타난 당신의 모습을 아무도 사랑하지 않는다고 믿게 되었다. 그러므로 당신은 자신의 초인적인 능력을 발휘해야만 다른 사람으로부터 사랑과 인정을 받을 수 있다고 생각한다.

이 왜곡된 생각은 하나님과의 관계에까지 연장된다. 당신은 하나님도 완전한 것을 요구하시는 절대 완벽주의자로 느낀다. 그리고 그분에게 오직 당신의 좋은 점만을 보여야 한다고 생각한다. 이럴 때 당신은 오직 초인적인 모습만을 하나님께 보이려고 한다. 참된 당신의 모습은 보이기를 싫어한다.

개인적인 질문을 한 가지 하겠다. 당신이 기도와 묵상을 하며 하나님의 임재하심 가운데 나올 때 두 가지 중 앞서 말한 어떤 모습을 하나님께 보이는가?

나는 이 질문을 나에게 찾아왔던 한 전도자에게 했다. 그는 전도자로서 성공한 분이었다. 그는 정서적인 문제와 영적인 문제가 있었기 때문에 도움을 받기 위해서 나를 찾아왔다. 나는 그에게 이렇게 물었다. "당신은 기도하며 하나님께 나아갈 때 당신의 모습을 그분께 보이십니까? 하나님께 자신을 내어 놓을 때 당신의 머릿속에 그려진 당신의 모습은 어떠합니까?"

빨리 대답하지 말고 천천히 잘 생각해 보라는 말을 덧붙였다. 그는 이상할 정도로 오랫동안 침묵을 지킨 후 나에게 이렇게 말했다. "목사님, 저는 지금까지 한 번도 그런 식으로 생각해 보지 않았어요. 그렇지만 솔직하게 말씀드려서 저는 언제나 영적으로 가장 고상하고 찬란한 상태로 하나님 앞에 나아간 것 같습니다. 하나님의 존전에서 나는 항상 초인적인 내 모습을 보이려 했지요. 나는 실제적인 모습 그대로를 가지고 하나님께 나아간 적이 없는 것 같습니다."

그리고 그는 고개를 좌우로 흔들며 다시 이렇게 말했다. "나는 '내 모습 이대로'란 찬송을 수없이 많이 불렀지만, 내가 하나님께 나올 때 그 내용을 실천에 옮기지 못했습니다."

그의 경우에만 해당되는 것이 아니다. 하나님 앞에 실제 자신의
모습을 숨기고 초인적인 모습을 나타내는 미묘한 방법들이 있다.
그중 하나는 미래에 이루어질 자신의 모습을 나타내는 방법이다.
"하나님, 당신도 아시고 저도 알듯이 물론 아직 저는 내가 바라는 나
의 모습에까지 이르지 못했습니다. 그러나 언젠가는 그것이 이루어
질 것이고 나는 그때 온전한 그리스도인이 될 것입니다. 그러면 기
도도 많이 하고 말씀도 많이 읽고 전도도 많이 하고 주님을 위해서
훌륭한 일도 많이 하겠습니다. 그때 나는 이상적인 모습을 갖춘 사
람이 되겠습니다. 나는 초인적인 사람이 되겠습니다. 그러므로 하
나님, 지금 나의 실제 모습에 너무 크게 신경 쓰지 마세요. 이것은
잠시 동안 뿐일 테니까요. 나의 미래의 모습에 당신의 눈을 맞춰 주
세요."

그 다음으로는 뉘우치는 태도로서 실제 자신의 모습을 숨기고
초인적인 자신의 모습을 추구하려는 방법이다. 자존감이 낮고 자신
을 경멸하는 사람이 완벽주의자로서의 삶을 살려고 할 때 이러한 문
제가 생긴다. "하나님, 죄와 실수와 약점으로 가득 찬 실제 저를 보
지 마세요. 당신은 제가 얼마나 이러한 제 모습을 경멸하는지 아시
잖아요. 당신께서도 실수와 약점이 많은 저의 실제 모습을 증오하
신다고 저는 추측하고 있습니다. 그렇지만 주님은 제가 세워 놓은
목표를 아시지요. 당신께서도 나와 마찬가지로 실제 제 모습을 증

오하실 것입니다. 저는 진정으로 당신 편에 있습니다. 그러므로 진정한 제 모습은 지금의 제 모습과는 다른 초인적 자신의 모습입니다."

이러한 미묘한 방법으로 자신을 격하시키는 태도는 마음속에 지속적으로 참회하는 마음을 갖게 한다. 그것이 그가 하나님의 마음을 감동시키는 길이라고 생각하기 때문이다. 당신은 하나님께서 당신의 실제 모습을 보시지 않고 그것과는 다른 초인적인 모습만을 보기 바란다. 하나님께서 자신의 추한 모습을 받아 주실 수 없다고 생각하고 또한 자신도 그것을 용납하기 어렵다고 계속 하나님께 말씀드린다. 그러므로 그는 하나님의 사랑과 인정을 받기 위해서는 자신의 모습을 실제 이상으로 높이 올려놓고 하나님의 마음을 감동시켜야만 된다고 생각한다.

이러한 비극의 원인은 어렸을 때에 받은 감정적인 타격으로 인해 실제적인 자신의 모습이 온전히 자라지 못했기 때문이다. 당신의 인격으로부터 아주 유치한 부분이 드러나는 경우도 이런 이유 때문이라고 말할 수 있다. 당신이 성장해야 할 부분이 과거 어느 지점에 그대로 머물러 전혀 자라지 못했던 것이다. 당신은 그때그때 성장기를 통과하면서 신체적으로 성숙한 남자와 여자로서 변화되었지만, 영적인 면과 정서적인 면에서는 아직 미숙한 단계에 머무른 상태에서 살고 있다.

초인적 자신과 감정적인 면들

완벽주의자가 봉착하는 가장 큰 문제는 감정적인 분야이다. 그이유는 그가 초인적 자아의 이미지를 소유하고 있기 때문에 자신이 느끼는 감정들을 절대로 시인하지 않는다. 그는 보통 비성경적인 예수님의 모습을 머릿속에 그린다. 즉 그분을 "부드러운 예수님, 온유하고 유순한 분"으로만 생각한다. 그런 예수님은 감정도 전혀 없는 수동적이며 금욕적인 분이다. 그분은 감정을 꽉 억누른 채 전혀 드러내지 않는다.

하지만 감정이란 선한 것도 악한 것도 아니다. 감정이란 단순히 감정에 불과하다. 그것들은 당신의 인격이 모든 면에 영향을 미치게 됨으로 인해 오는 결과이다. 감정 그 자체는 악하지 않다. 그 감정을 어떻게 처리하는가에 따라 당신이 의롭게 될 수도 있고 악하게 될 수도 있다. 감정 자체는 하나님이 부여하신 우리의 인격 형성에 있어 가장 중요한 일부분이다.

당신의 초인적 자아는 분노를 나쁜 감정으로 간주한다. 나는 목사님으로부터 분노는 언제나 거룩하지 못한 감정이라는 비성경적이고 비인간적인 설교를 들으며 자랐다. 그러한 태도로부터 벗어나는 데 오랜 시간이 걸렸다. 그것이 내 신앙생활을 거의 파멸로 이끌어 갔고 결혼 생활도 거의 파산될 지경에 이르게 했다. 나는 아내에게 분노할 때 그것을 어떻게 적절한 방법으로 표현해야 할지 몰랐다. 훌륭한 남편과 아내가 되려면 그것을 처리할 줄 아는 적절한 방법들을 배워야만 한다.

마가복음 3장 5절에서 우리는 예수님이 분노하시며 주위를 돌아보신 기록을 읽을 수 있다. 예수님이 분노하셨다는 말은 신약 가운데 오직 한 곳에서 찾아볼 수 있지만 예수님이 분노하셨을 것으로 쉽게 추측되는 내용들은 그 외에도 많다. 성전에서 돈 바꾸는 사람들을 채찍으로 쫓을 때도 그랬고 예수님이 어떤 사람들을 "맹인 된 인도자," "회칠한 무덤," "죽인 자의 자손," "독사의 새끼들," "비참한 사기꾼"이라고 부르셨을 때도 분노하신 것으로 볼 수 있다(마 23장 참조).

예수님께서 날카롭게 분노를 겉으로 표현한 순간들이야말로 그분의 거룩하심이 가장 크게 나타난 때였다. 완전한 사랑과 분노는 대부분 서로 같은 역할을 하며, 완전한 사랑의 결과로서 분노가 나타나게 된다.

그리스도인들은 사람들을 혼돈시키는 그럴듯한 말들을 한다. "아, 그것은 분노가 아니고 '의롭게 분개하는 것'이야." 왜 그러한 소극적인 태도에서 벗어나서 분노가 올바로 사용될 수 있다고 말하며 분노 자체는 악한 감정이 아니라고 말하지 않는가? 그렇게 함으로 우리는 훨씬 덜 혼동하게 된다.

중요한 것은 당신이 분노를 어떻게 표현하며, 화가 났을 때 그것을 어떻게 처리하는가이다. 그러나 당신이 실제가 아닌 거짓된 초인적 자아의 이미지를 소유하고 있을 때 감정적 파멸과 우울증에 빠지기 매우 알맞은 상태에 놓인다. 초인적 자아의 이미지를 소유한 당신은 절대로 화를 표현하거나 경험해서는 안된다고 생각한다.

분노와 원망은 전혀 다른 성질의 것이므로 혼동해서는 안된다. 분노가 조절된 상태로 적절히 표현되는 것과 조절되지 않은 채로 아무렇게나 표현되는 것은 큰 차이가 있다. 사도 바울은 정당한 분노와 원망의 분명한 차이점을 말했다. 그는 조심스럽게 분을 증오, 악독, 비통 그리고 그외의 것들과 대조했다.

흥미롭게도 그는 "분을 내어도 죄를 짓지 말며"(엡 4:26)라고 명령형을 사용한다. 사도 바울은 "화를 내는 것은 괜찮다. 나는 여러분이 가끔 화를 내는 것을 허락해 주겠다"라고 말하지 않고 "분노하라!"고 말했다. 그는 곧 "그러나 조심하라"고 덧붙였다. 화를 매우 조심스럽게 처리하지 않으면 원망이나 악독, 그리고 비통한 감정으로 이끌어 갈 수 있다는 것을 바울은 알고 있었다. 사도 바울이 말하고 있는 것은 "분노하라. 그러나 그로 인해 어떤 형태로든지 비통과 원망 혹은 증오하는 감정이 생기지 않도록 주의하라"는 말이다.

그러므로 중요한 사실은 우리가 분노를 해소하는 적절한 방법을 배우지 않는다면 마음속에 원통함과 비통함을 품게 될 것이다. 많은 결혼 생활이 파탄 가운데 빠지는 이유는 남편과 아내가 그들의 화를 표현하는 적절한 방법을 배우지 않았기 때문이다. 그들은 깊게 쌓인 감정의 도가니를 뚜껑으로 꽉 막아 놓고 그것을 서서히 덮어 가며 수천 가지의 미묘한 방법으로 상대방과 감정의 대립을 한다.

분노하라. 그러나 조심하라. 분노를 적절하게 표현하는 방법을 모르면 원통함과 비통함이 생기게 된다. 바로 이러한 감정들이 완벽주의자가 자신의 분노를 겉으로 나타내지 않을 때 생기는 것들이다. 그들은 자신이 분을 냈다는 것을 인식조차 못하게 한다. 그러한 부인된 감정은 그의 깊은 내적 자아 속에 깊이 박힌다. 그 속에서 부글부글 끓고 곪아 터진 화가 여러 가지 종류의 위장된 감정적 문제들과 결혼 생활의 갈등 그리고 심지어는 신체적 질병의 형태로까지 나타난다.

분노는 하나님께서 허락하신 감정이다. 이것은 우리의 인격 속에 심겨진 하나님 형상의 일부이다. 그러므로 이것은 반드시 건설적인 목적으로 사용되어야만 한다.

초인적 자신과 갈등의 문제

초인적 모습을 가진 사람은 생각하기를 모든 사람과 잘 어울려야 하며, 누구나 자신을 좋아해야 하며 그리스도인들 사이에 어떤 갈등도 있어서는 안된다고 한다.

한 완벽주의자가 선교 본부를 잠깐 방문한 후에 놀라움을 금치 못한 일이 있었다. 그가 얼마 안 가서 알게 된 사실로 선교사들 간에 서로의 문제가 그들이 사역하는 불신자들과의 문제보다 더 많다는 것이다. 우리는 이것을 자신이 속해 있는 교회에서도 찾아볼 수 있다. 그러나 완벽주의적 신화를 믿는 사람들은 계속 이렇게 우겨댄다. "이건 내가 지키지 않으면 안되는 거야."

이러한 생각은 성경으로부터 온 것인가? 바울이나 바나바와 같은 위대한 사람들도 함께 일할 수 없었다. 그들은 지혜롭게 서로 갈라졌고 초대교회는 지혜롭게 양쪽 사람에게 다 안수하고 그들을 축복한 뒤 서로 반대되는 곳으로 그들을 파송했다.

하나님께서는 각기 다른 개성을 사용하셔서서 하나 대신 두 개의 선교 사역을 마련하신 것이다. 하나님은 그들이 마가에 대해 가졌던 의견의 불일치를 사용하셔서서 그가 성숙하게 되는 계기를 마련하셨고 결국 마가는 위대한 마가복음의 저자가 되었다.

누구하고나 다 함께 일할 수 없다는 것은 어떤 사람을 원망해도 좋다는 뜻이 아니다. 다른 사람을 증오하거나 비판해도 좋다는 의미도 아니다. 그것은 당신이 반드시 누구에게나 다 편안한 느낌을 가지고 그들을 좋아하지 않아도 된다는 의미이다. 초인적 자신의 모습을 가진 당신이 다음과 같이 계속 말하는 것이 걸림이 되지 않도록 하라. "자, 이제 당신이 다른 사람과 잘 지낼 수 없는 것은 당신의 잘못이지요. 문제는 당신에게 있어요. 만약 당신이 뭔가 좀 잘 돌아보기만 했더라면 모든 것이 잘되었을 텐데요."

바울은 결코 이렇게 말하지 않았다. "당신이 성령에 충만한 생활을 하면 모든 사람들과 아무 문제없이 화평하게 살 수 있다." 그가 말한 것은 "할 수 있거든 너희로서는 모든 사람과 더불어 화목하라"(롬 12:18)이다. 문제는 다른 사람에게 있는지도 모른다. 바울은 초인적 자신의 모습을 가진 당신이 이와 같이 말하는 것을 그 뒤에 덧붙이지 않았다. "네, 문제는 역시 당신이지요. 문제가 있는 상대방을 고쳐 줘야 할 책임이 당신에게 있단 말이에요." 여기에 이것을 잘 나타내 주는 짧은 시 한 구절을 소개한다.

> 천국 위에서 성도들과 함께 사는 것,
>
> 오, 그것은 얼마나 영광스러운 일인가.
>
> 그러나 땅 아래서 성도들과 함께 사는 것-
>
> 그것은 전혀 다른 이야기일세.

실제 자신의 모습을 지닌 사람은 서로 다른 점들과 서로의 갈등들을 시인하고 해결해 나간다. 사랑하는 마음을 가지고 그들과 의견이 대립되는 것을 회피하지 아니하며 그들을 사랑하고 보살펴 준다. 그러나 실제 자신의 모습을 지닌 당신은 스탠리 존스(Stanley Jones)가 표현한 유명한 말처럼 때로는 "서로 의견을 달리할 수 있다는 사실을 시인하는 것"이 가장 좋은 해결책임을 알게 된다.

초인적 자신의 모습과 행복감

초인적 자신의 모습을 지닌 사람은 "나는 항상 보통 이상으로 행복해야 한다"는 신화를 믿고 있다. 그렇지만 당신은 항상 행복한가? 한 번도 우울할 때가 없는가? "주님을 찬양해"라는 말이 입에서 계속 저절로 흘러나오는가? 한 번도 갈등한 적이 없는가? 천국이 마치 납덩어리처럼 느껴지는 때가 한 번도 없는가? 어떤 일을 할 때 행복감을 누리지 못하고 그저 단순한 의무감에서 하지 않는가?

겟세마네 동산에서 주님은 제자들에게 "내 마음이 심히 고민하여 죽게 되었으니"라고 말씀하셨다. 땅에 엎드려 몸부림치며 괴로워하셨다. 자신의 감정과 의지 사이에서 일어나는 무서운 갈등을 통과하면서 몸에서는 땀이 비오듯 흐르고 있었다. 감정을 통해 "아버지여, 당신은 무엇이든지 하실 수 있습니다. 가능하면 이 잔을 내게서 옮겨 주옵소서"라고 부르짖었다. 그러나 주님은 "내 뜻대로 마시옵고 당신의 뜻대로 하소서"라는 말을 거듭하셨다. 때때로 그런 똑같은 종류의 갈등으로 인해 우리의 마음이 심히 고민될 때가 있다.

'행복'(happiness)이란 단어는 '어떤 사건이 발생하다'(happen)라는 어원으로부터 파생되었다. 행복은 우리의 힘으로 조절할 수 없는 외적인 사건이 우리에게 일어나느냐에 따라 결정된다.

그리스도인들이 마땅히 사용해야 할 올바른 용어는 '기쁨'이다.

그 이유는 '기쁨'이란 말이 외적 환경이나 사건에 상관없이 관계 가운데서 오는 내적인 의미를 나타내기 때문이다. 기쁨은 폭풍의 소용돌이 가운데서 경험하는 내적 평온함이다. 감정의 폭풍우가 몰아칠 수 있다. 그러나 하나님의 뜻에 순종하려는 마음도 함께 있기 때문에 폭풍 가운데서도 평온함을 유지할 수 있는 것이다. 그러므로 이러한 기쁨의 의미는 초인적 자아의 가면을 쓰고 웃는 얼굴로 "주님을 찬양합니다"라고 하며 다녀야 한다는 뜻이 아니다.

실제 자신의 모습(Real You)을 바라보는 현실주의

당신은 그리스도인 중 한 사람으로서 현실주의자가 될 수 있다. 이 말은 당신이 가장 어려운 일이나, 가장 무서운 일이나, 가장 가슴 아픈 일들을 만날 때에도 두려워 할 필요가 없다는 뜻이다. 당신은 자신의 비통함과 슬픔과 상처의 외로움과 갈등, 심지어는 우울증까지도 밖으로 표현하는 것을 두려워할 필요가 없다.

때때로 당신은 엘리야 선지자가 대승리를 거둔 후에 맛보았던 우울한 감정을 경험했을지도 모른다. 엘리야는 "오, 여호와여, 넉넉하오니 내 생명을 취하옵소서"라고 토로했다.

예수님의 생애를 살펴볼 때 우리는 거기에 나타난 솔직성을 발견하게 된다. 아무런 수치감이나 죄책감 혹은 불완전한 느낌에 구애씀이 없이 여러 가지로 그 감정이 아주 명확하게 기록되었고 자유롭게 묘사되었다. 당신도 이러한 예수님의 표본을 본받고 신화의 요소를 지닌 초인적 자아의 영향을 받지 말라. 당신의 실제 감정들을 표현하는 것을 두려워하지 말고 예수님 안에서 실제 당신의 모습을 지닌 사람이 돼라.

당신이 초인적 자아의 모습을 지녀보려고 시간과 힘을 낭비할 때 그것은 당신이 성장하는 것이나, 또 하나님과 사귐을 갖는 기회를 빼앗아 간다. 그리고 당신은 하나님이 당신의 실제 모습 그대로 받으시고 사랑하시려는 것을 허용하지 않는다. 그리스도는 실제 당신의 모습대로 하나님께 나올 수 있게 하기 위해 십자가에서 죽으셨다. 실제 당신의 모습만을 하나님께서 아시고 또한 보신다. 초인적 자신의 모습은 당신의 상상력에서 나온 환상이며, 거짓된 이미지이고 우상이다. 하나님이 그러한 당신의 초인적 모습까지도 보실지 나는 확실히 말할 수 없다.

그리스도 안에서 당신은 자신이 될 수 있다. 그리고 다른 사람을 비교할 필요도 없다. 하나님은 당신을 고치시고 변화시키시기를 원하신다. 그리하여 당신의 실제적 자신의 모습은 하나님이 의도하신 바대로 한 인격체로 성장해 나아갈 수 있게 된다.

초인적 자아는 깨지기가 매우 어렵고 그중 종교적 성격을 띤 초인적 자아가 가장 어렵다. 만약 당신이 그것을 완강하게 붙들고 있다면 성령님께서 이렇게 말씀하시는 것을 듣길 바란다. "그것은 버려라! 그것을 포기해라! 그리하면 내가 너와 함께 진짜 네 모습으로 되돌아가게끔 치료하겠다."

당신이 거짓된 초인적 자신의 모습을 계속지켜 나가기 위해 사용되는 영적 에너지의 낭비를 중지하고 당신의 참된 성장을 위해 성령님과 동역하는 일에 그 에너지를 사용하게 된다면 당신은 예수 그리스도 안에서 참된 자유를 발견하게 될 것이다. 당신은 거짓된 의무감과 책임감으로부터 해방되고 다른 사람에게 인정을 받고 안 받는 것으로부터 자유함을 얻게 된다. 아울러 실제 자신의 모습과 노력함으로 이루려 하는 자신의 모습 사이에 생기는 간격으로부터 오는 무서운 정죄감에서 자유함을 누릴 수 있게 된다.

무엇으로 그 간격을 줄일 수 있겠는가? 당신을 위한 기쁜 소식이 여기에 있다. 예수 그리스도의 십자가를 통해 하나님의 참된 슈퍼맨이신 예수님께 속한 모든 온전한 것들이 당신에게 은혜의 선물로 주어졌다. 하나님은 이 모든 것들로 당신이 경험하는 채워지지 않는 간격들을 넘치도록 채우신다.

사도 바울은 그것을 말씀을 통해 이렇게 잘 표현했다. "너희는 하나님으로부터 나서 그리스도 예수 안에 있고 예수는 하나님으로부터 나와서 우리에게 지혜와 의로움과 거룩함과 구원함이 되셨으니"(고전 1:30).

"사람들이 종일 내게 하는 말이 네 하나님이 어디 있느뇨 하오니 내 눈물이 주야로 내 음식이 되었도다"(시 42:3).

"내 영혼아 네가 어찌하여 낙심하며 어찌하여 내 속에서 불안해 하는가 너는 하나님께 소망을 두라 그가 나타나 도우심으로 말미암아 내가 여전히 찬송하리로다 내 하나님이여 내 영혼이 내 속에서 낙심이 되므로 내가 요단 땅과 헤르몬과 미살 산에서 주를 기억하나이다 주의 폭포 소리에 깊은 바다가 서로 부르며 주의 모든 파도와 물결이 나를 휩쓸었나이다…"(시 42:5-7).

10

우울증에 관한
오류와 진실

성령 충만한 사람이라면 절대로 우울증에 빠질 수 없다?

우울증이란 그리스도인들이 흔히 경험하는 증세이다. 아마 이렇게 반문하는 사람이 있을 것이다. "어떻게 그럴 수가 있나요? 우울증에 걸린 그리스도인이라니요? 우울증과 그리스도인이란 두 단어는 서로가 어울리지 않는 말입니다. 진정으로 성령님에 의해 거듭난 체험을 하고 확실히 성령의 충만함을 경험한 사람이라면 절대로 우울증에 빠질 수 없습니다. 진실로 어떤 그리스도인이 우울증에 빠져 고민한다는 사실은 그에게 무엇인가 잘못이 있고 주님과의 관계에 있어서도 바로잡아야 할 잘못된 점들이 있다는 말이에요. 그것은 그 사람의 생활에 죄가 아직 남아 있다는 확실한 증거입니다."

이 모든 말들이 아주 그럴듯하고 단순하게 들릴지 모르나 이것은 성경에 나타난 사실과 다르고, 그리스도인들의 경험을 통해 나타난 사실이나 심리학을 통해서 나타난 진리와도 상반된다. 물론 이것은 성도들의 자서전에 나타난 사실과도 일치하지 않는다.

그리스도인들도 우울해질 수 있다

당신은 최근에 다윗의 시편을 읽은 경험이 있는가?

"내 영혼아 네가 어찌하여 낙심하며"(시 42:5). "내 하나님이여 내 영혼이 내 속에서 낙심이 되므로"(시 42:6). "네가 어찌하여 낙심하며 어찌하여 내 속에서 불안해 하는가 너는 하나님께 소망을 두라 그가 나타나 도우심으로 내 하나님을 여전히 찬송하리로다"(시 43:5).

혹은 엘리야 선지자가 한 말을 들어 보지 않았는가? "여호와여 … 내 생명을 거두시옵소서"(왕상 19:4).

혹은 요나 선지자가 한 말을 들어 본 적이 있는가? "사는 것보다 죽는 것이 내게 나음이니이다"(욘 4:3).

혹은 겟세마네 동산에서 예수님께서 기도하실 때 고통 가운데

하신 말씀을 들어본 적이 있는가? "내 마음이 매우 고민하여 죽게 되었으니"(마 26:38).

사는 것을 포기할 정도로 심각한 우울증에 대하여 이보다 더 잘 묘사한 대목을 찾을 수 있는가?

우울한 심정을 표현하는 많은 시편의 내용들이 사람의 얼굴에 관해 말하고 있는데 그것은 매우 정확한 표현이다. 우울하고 낙심한 사람은 그 얼굴에 아주 비참한 모습이 나타난다. 그는 마치 그의 어깨 위에 이 세상의 모든 무거운 짐이 놓여 있는 것처럼 수심과 근심에 찬 불행한 모습을 지닌다.

우울증의 또 다른 공통적인 증상은 눈물을 흘리는 것이다. "내 눈물이 주야로 내 음식이 되었도다"(시 42:3)라고 시편 기자는 말한다. 이것은 놀라우리만큼 정확한 심리학적 표현이다. 우울증은 종종 식욕 감퇴 현상을 초래한다. 아무것도 먹고 싶지 않다. 음식을 먹을 수 없기 때문에 음식 대신 눈물을 먹고 산다. "네, 눈물이 나의 야채와 샐러드와 후식과 음료수가 되었지." 무엇이 잘못되어 그렇단 말인가? 우는 것을 중단할 수 없기 때문에 그들은 절망을 안고 살며 그것은 필수적으로 우울증을 더욱 심화시키는 결과가 된다.

성경은 우울증에 관해 어떤 그리스도인의 설명보다 훨씬 더 우리에게 실제적으로 친절하게 말해 주고 있다. 그들의 설명 가운데는 그리스도인들도 매우 우울한 가운데 빠질 수 있다는 가능성을 명확히 보여 주고 있다.

성도들의 자서전을 통해 이러한 사실이 나타나 있는 것을 볼 수 있다. 우리는 종종 존 웨슬리의 위대한 알더스게이트(Aldersgate)에서의 회심의 체험을 인용하곤 한다. 그러나 나는 웨슬리의 몇 가지 다른 표현들을 더 인용할 수도 있다. 그것은 마치 그의 찬란한 회심의 체험이 무효가 되는 것 같은 느낌을 주는 우울하고 의심이 가득 찬 낙심 가운데 부르짖는 말들이다.

Sammuel Logan Brengle: Partrait of a Prophet(사무엘 로건 브렝글: 선지자의 초상)[8]이란 책은 구세군이 낳은 유명한 성도에 관한 이야기이다(Clarence W. Hall, The Salvation Army, Inc). 브렝글을 다룬 거룩함에 관한 고전들은 수십 개의 언어로 번역되었고 수백만의 신자들로 하여금 그리스도 안에서의 삶을 살게끔 인도해 준 수단으로 사용되어 왔다.

홀(Hall)은 브렝글에 대해서 이렇게 썼다. "체질적인 우울증을 소유한 그는 그의 마음에 찾아드는 우울한 감정들과 싸우곤 했다." 그의 편지에서 브렝글은 이렇게 표현했다. "나의 신경들은 누더기와 같이 산산조각이 나고 지친 상태였다. 그리고 우울증이 나에게 생소한 것이 아니었건만 나는 과거에 알지 못했던 무서운 암흑과 우울함이 엄습해 오는 것을 느꼈다."

후에 그는 가두집회를 할 때 술주정뱅이가 던진 벽돌이 그의 머리에 부딪쳐 상처를 입고 고통을 겪어야만 했다. 이 상처로 인해 받은 부작용 때문에 오랫동안 고생해 왔던 우울증이 더 심해졌다. 그럼에도 불구하고 새뮤얼 로건 브렝글만큼 거룩한 삶을 산 성도가 또 어디에 있겠는가?

우울증에 걸린 사람이 그것을 치료하기에 앞서 그는 먼저 자신이 우울증에 걸렸다는 사실을 인정해야 한다. 그리고 적지 않은 숫자의 그리스도인들이 만일 자신들의 감정에 대해 아주 솔직하기만 한다면 "네, 우울증이란 내게 있어서도 생소한 것이 아닙니다. 나는 당신이 무슨 말을 하는지 압니다"라고 시인해야 할 것이다.

많은 그리스도인은 그들의 우울증을 부인하므로 말미암아 더욱 문제를 악화시킨다. 그들은 우울증 위에 죄책감을 덧붙여 문제를 이중으로 어렵게 만든다. 심한 우울증이 1톤에 해당하는 정서적 무게를 지닌다고 가정해 보자. 아마 그 정도가 될 것 같다. 등에다 1톤을 지고 다니는 것이 나쁘긴 하지만 당신은 그것을 질 수 있는 힘이 있을지도 모른다. 그러나 이렇게 말함으로 죄책감을 덧붙일 때 무게는 이중으로 가중되고 아무도 그 무게의 짐을 감당할 수 없게 될 것이다. "뭔가 잘못됐기 때문에 이러한 우울증이 내게 주어진 거야."

우울증에 걸린 것이 반드시 영적으로 잘못됐다는 증거가 될 수는 없다. 성경에 나오는 이야기 가운데 우리는 가장 위대한 영적 승리를 체험한 후에 실망감에 사로잡혀 큰 우울증을 경험한 사람을 찾아볼 수 있다. 이는 엘리야의 생애 가운데 실제로 일어났던 이야기이다. 그에게 있어서 가장 위대한 순간 즉, 갈멜산에서 바알 선지자들을 대항해 싸워 이겼던 일이 있었던 후였다. 그가 로뎀나무 밑에 홀로 앉아서 하나님께 자기 생명을 빼앗아가 달라고 요청하는 모습을 우리는 볼 수 있다.

아브라함도 비슷한 경험을 했다(창 15장). 우리 가운데 많은 사람도 이와 같은 경험이 있다. 우울증은 마치 자연이 가져다주는 감정의 반작용인 것같이 보인다. 이것은 마치 구경이 큰 총을 쏜 후에 생기는 힘과 같은 반작용이다. 이것은 자연이 가져다 주는 반동(反動)이며 혹은 아마도 평형을 유지하려는 바퀴와 같은 역할인지도 모른다. 그 바퀴 가운데서 유지되는 평형을 C. S. 루이스는 인간의 성격 속에 존재하는 "파동의 법칙"이라고 부른다.

불행하게도 이 점에 있어서는 그리스도인이 가장 큰 대적이 될 수 있다. 우리는 그들이 거짓되고 비현실적인 충고를 하는 것을 보게 된다. 많은 그리스도인은 우울증에 대한 이해가 거의 없다. 자신의 성격이 그러한 문제와는 무관하기 때문에 우울증으로 인해 고통당하는 사람들을 이해하지 못한다.

특히 서로 배우자에게 있어서 이 문제에 더 무자비할 가능성이 있다. 만약 아내가 우울증으로 심한 고통 가운데 있고 남편은 그렇지 않을 때 남편은 아내의 감정과 기분을 이해하는 데 어려움을 겪게 될지도 모른다. 게다가 남편이 아내가 우울증 가운데 빠져 있는 동안 아내에게 영적인 부담을 얹어 준다면 그것은 이중적으로 무자비한 상황이 되어 버린다. 혹은 반대로 아내가 남편에게 그와 같은 역할을 하기도 한다.

우울증으로 고통을 당한 적이 한 번도 없다고 해서 당신이 그렇지 않은 사람보다 더 영적이라고 간주할 수는 없다. C. S. 루이스는 우리가 칭찬받는 절반 가량의 덕(德)이 우리가 영적으로 훌륭해서라기보다는 단순히 기질과 타고난 성품 때문이라고 말한 적이 있다.

우울증과 죄책감

어떤 종류의 우울증은 죄의식으로부터 혹은 의식적인 불순종과 범죄로부터 올 수 있다. 그러나 내가 여기서 말하고자 하는 것은 그런 종류의 우울증과는 다르다. 아마 어떤 사람은 내가 어떻게 죄로부터 온 우울증을 알아낼 수 있느냐고 반문할지도 모른다. 특히 양심이 지나치게 예민하므로 무엇이든지 꼭 해야만 한다는 감정에 사로잡혀 있거나 항상 불안감과 근심, 그리고 정죄감 때문에 고통을 받는 완벽주의자는 그러한 질문에 큰 관심이 쏠린다.

나는 여기서 큰 도움이 될 수 있는 일반적인 원리를 소개하고자 한다. 어떤 특별한 행동이나 태도와 관련되어 있는 구체적인 죄책감은 일반적으로 보아 진짜 믿을 만한 죄책감이라고 볼 수 있다. 그리고 거기에 따르는 감정들은 실제적인 범죄로 인해 오는 진짜 죄책감이나 우울증에 해당된다.

일반적으로 가짜 정죄감 혹은 정서적인 원인으로 나타나는 우울증은 불투명한 여러 가지 것들이 다 원인이 될 수 있다. 거기에는 자신을 비난하는 마음도 포함된다. 또한 온갖 근심과 무엇이라고 꼭 잡아낼 수 없는 정죄감 등도 그 원인이 될 수 있다. 죄로 인해 우울증이 유발될 수 있으나 모든 우울증이 죄로부터 오는 것은 아니다. 우울증의 뿌리는 종종 매우 깊고 복잡하다는 것을 알게 된다. 그것은 어렸을 때 받은 상처와 그 자국을 어른이 되어서까지도 얼마나 많이 가지고 다니느냐에 따라 더 깊고 복잡해질 수 있다.

우울증과 인격

우울증은 여러 가지 요소들과 연관성을 가지고 있다. 즉 우리의 인격, 구조, 신체적 차이, 신체의 화학 작용, 호르몬의 분비 작용, 감정적 패턴 그리고 우리가 배워 온 느낌을 통한 이해들과 관계된다. 그리스도인들은 이것을 인식하고 용납해야만 한다.

다음에 소개하는 아주 오래전부터 내려오는 유치원 동요 가사를 이해할 만한 훌륭한 상식이 우리에게 있었다면 얼마나 좋았을까 하는 생각이 든다.

잭 스프랫은 비계를 먹을 수가 없고

그의 아내는 살코기를 먹을 수 없었다네

그래서 두 사람은 서로 협조하여 사이좋게

접시를 깨끗하게 비워 버렸네.

이것은 놀라울 정도로 우리의 인격 구조를 심오하게 분석해 주
고 있다. 잭 스프랫과 그의 아내는 타고난 체질이 전혀 다르다. 그들
에게 꼭 같은 방식대로 먹게 하거나 같은 방식대로 살 것을 강요하
지 말라. 그것은 그들의 독특한 성격을 존중하지 않는 처사이다. 그
들은 둘 다 가치를 부여받은 사람들이며, 서로의 체질이 전혀 다를
지라도 깊이 사랑할 수 있게 마련이다. 내가 원하는 것은 더 많은 목
사들과 교사들과 전도자들과 특히 부모들이 앞에서 말한 동요에서
가르쳐 주는 건전하고 훌륭한 상식을 통달할 수 있게 되는 것이다.

"잠깐만요." 어떤 사람이 이렇게 말한다. "우리가 그리스도 안에
있으면 새로운 피조물이며 옛 것은 다 지나 갔다고 한 것을 잊으셨
나요? 중생의 경험과 성화의 과정들이 각 사람들의 다른 점들을 없
애 버리지 못한다는 말입니까?"

이 질문에 대한 대답은 분명하다. "하나님께 감사한 것은 우리의
기본적인 차이가 변화되지 않는다는 것입니다."

영적으로 거듭난다고 해서 우리의 기본적인 성품에 속한 기질이
변화되지 않는다. 오스왈드 챔버스(Oswald Chambers)의 말처럼 "예수
그리스도의 성품"이 우리 안에 들어오는 것이지 우리의 기본적 성

품에 속하는 기질이 바뀌는 것이 아니다. 우리가 그리스도인이 되었다는 것은 자신이 없어져 버리는 것을 뜻하지 않는다. 바울은 회심한 후에도 똑같은 바울이었다. 베드로도 베드로의 특성이 남아 있었고 요한의 경우도 마찬가지였다. 그들은 다른 사람이 되지 않았다. 하나님의 계획 가운데 아무것도 똑같은 것이 존재하지 않는다. 똑같은 눈송이조차도 발견할 수 없다. 하나로 통일된 가운데 존재하는 여러 가지 다양성을 통해 하나님께서는 그가 인도하시는 길이 매우 신비롭다는 사실을 우리에게 나타내 주신다. 우리는 기질면에서나 성격 구조면에 있어서 각자 다르다. 보는 것과 느끼는 것이 다르고 우리가 느끼는 반응도 다르고 해석도 각자 다르게 한다.

사도 바울은 "우리가 이 보배를 질그릇에 가졌다"고 우리에게 상기시켜 준다(고후 4:7). 천성적으로나 기질적으로 어떤 사람들은 신경이 예민하며, 염려하며, 혹은 쉽게 놀라기도 한다. 그들은 지나치게 감정이 예민하고 마음이 쉽게 감동되거나 변한다. 나는 때때로 사도 바울도 그러한 사람 중의 한 사람처럼 느껴질 때가 있다. 그는 용감하게 고린도에 들어갔지만 "약하여 두려워하며 심히 떨었노라"(고전 2:3)고 한 것을 볼 수 있다. 그는 극도로 긴장된 상태에서 "밖으로는 다툼이요 안으로는 두려움"에 가득 차 있던 젊은이였다(고후 7:5).

이것은 물론 젊은 디모데의 경우와도 같다. 디모데후서 전체는 사도 바울이 디모데를 우울증으로부터 벗어나게 하려고 쓴 책처럼 보인다. 브렝글의 자서전을 기록한 사람은 그를 가리켜 "타고난 우울증의 소유자"라고 불렀다. 매우 내성적이고 예민한 성격의 소유자가 가장 심한 우울증에 걸릴 수 있는 것을 종종 발견한다.

우울증에 걸려 있는 우리의 문제를 현실적으로 처리하지 못하는 것이 우울증을 더 확대시키는 근본 원인이 되고 있다. 만약 우리가 자연적인 것(우리의 기질과 성격 구조)과 초자연적인 것(우리의 영적 생활)과는 아무런 관계가 없다고 생각한다면 우리는 아주 심각한 잘못을 범하게 된다. 우리의 감정과 믿음은 똑같이 우리의 인격(성격 구조)을 통해 작동한다. 하나님께서 우리를 만나 주실 때도 우리의 인격(성격 구조)을 통해서 역사하신다. 여기에는 다른 특별한 길이나 지름길이나 샛길이 있을 수 없다. 하나님께서는 우리 머리 위 표면에 구멍을 뚫고 마술과 신비의 깔대기를 대고 우리에게 은혜를 부어 주시는 것이 아니다.

우리가 믿음을 구사할 때나 감정을 표현할 때를 좀 더 잘 이해하기 위해서 TV와 스테레오 음향기와 라디오가 연결되어 만들어진 아주 크고 값비싼 오디오 세트를 생각해 보기로 하자. 이것은 아주 멋진 가구 중의 하나이다. 그러나 만약 그렇게 막대하게 조립된 기계에서 트랜지스터의 어떤 부분이 고장난다면 그 음향 장치는 작동하지 않는다. 그 이유는 무엇인가? 그것은 모든 구성 요소들이 다 같은 기계 구조를 통해서 작동하게끔 만들어졌기 때문이다. 기계의 접착선이 이쪽 부분에서 타거나, 콘덴서나 트랜지스터의 일부가 저쪽 부분에서 잘못되었다면 세 개의 음향기는 모두가 그것에 의해 영향을 받게 될 것이다. 그 이유가 무엇인가? 그 음향기들은 모두가 동일한 기계 구조를 통해 작동하도록 만들어졌기 때문이다.

우울증은 영적인 근원 이외에 다른 곳으로부터 올 수 있다. 그것은 우리의 인격 구조 중 어딘가가 잘못되었기 때문에 올 수 있다. 아마 그것이 신체적인 이유가 될 수도 있고 혹은 감정과 인격의 불균형 때문일 수도 있다. 트랜지스터에 문제가 생겼고 접착선이 타 버렸을 때 그것은 우리의 영적 생활에까지도 영향을 끼치게 된다.

브렝글의 이야기로 돌아가 보자. 누구보다 더 거룩한 삶을 살았던 그분이 자신에 대해 이렇게 기록했다. "내가 전에 느끼지 못했던 무서운 흑암과 우울증이 나에게 엄습해 왔다 … 하나님이 계시지 않은 것같이 느껴졌다. 나는 무덤으로 향해 끝없이 달리는 것같이 느껴졌다. 나는 인생의 모든 영광과 매력과 의미를 잃어버렸다 … 기도를 해도 아무 소용이 없었고 진정 나는 기도의 영과 기도하는 능력을 잃어버린 것 같은 느낌이 들었다."[9]

바로 전에 말한 오디오 세트에 관한 예를 우리에게 적용시켜 보자. 하나님의 사랑이 아직도 우리에게 계속적으로 오고 있는 것과 마찬가지로 송신인에게는 아무런 이상이 없다. 라디오 방송국에서는 아름다운 음악을 내보내고 있고 텔레비전 송신기는 화면에 올바른 영상들을 내보내고 있다. 그런데 소리가 안 들리고 텔레비전 화면에 하얀 공백만이 나타날 뿐이다. 그 이유는 무엇인가? 수신기 세트에 무엇인가가 고장이 났기 때문이다.

브렝글에게도 그와 같은 일이 일어났던 것이다. 그러나 그가 얼마나 현명했던가를 살펴볼 수 있다. 그는 자신이 어떤 어려운 감정 가운데 빠져도 하나님이 거기에 계신다는 것을 알았다. 그는 각 문장마다 '~처럼 느껴졌다'(seemed)라는 단어를 사용했다. "하나님이 존재하지 않는 것처럼 느껴졌다 … 내가 무덤으로 향해 달려가는 것처럼 느껴졌다." 그리고 브렝글 자신도 그 단어에 줄을 쳐 놓았다.

당신은 감정의 심한 변화를 느껴 본 경험이 있는가? 모든 것이 다 만족한 상태에서 잠자리에 들었다. 하지만 다음날 아침에 깨어 보니 하나도 만족스럽지 못하다. 그럴 만한 아무런 이유도 생각해 낼 수가 없다. 어제 당신은 행복했다. 오늘도 아주 좋은 날이 되기를 고대하고 있다. 그러나 어떤 일이 생겼고 당신은 어제와는 다른 반응을 나타냈다. 어제 일어났던 일에 대한 당신의 감정과 행동과 해석이 오늘의 것들과는 전혀 다르다. 그런데 중요한 사실은 거기에 당신만 홀로 있는 것이 아니라는 점이다. 하나님이 거기에 계시고 사탄도 마찬가지로 함께 거기에 있다. 사탄이 침대 끝에 앉아서 당신의 인격 속으로 살짝 들어오려고 엿보고 있다. 그 이유는 무엇인가? 사탄은 영의 세계에 속해 있기 때문에 우리가 깨달아야 할 것이 무엇인지 이미 알고 있다. 즉 기질적인 것이나 영적인 것 모두가 우리의 신체적인 기능에 의하여 좌우될 수 있다는 것이다.

그러므로 사탄이 우리에게 나타나는 기질적인 우울증의 현상을 영적인 우울증으로 바꾸어 놓으려 한다. 사탄은 우리의 정서적 우울증을 영적인 패배로 바꾸어 놓기를 원한다. 사탄은 우리가 소유한 수신기 안에서 완전히 타 버린 감정을 취하여 당신이 가지고 있는 하나님께 대한 믿음이 완전히 타 버린 것처럼 만든다. 사탄은 우리의 연약함을 매우 잘 알고 있다. 또한 마음속 깊은 곳에 있는 것을 알아차리고 그곳에 열려진 통로를 통해서 살짝 당신의 인격 속으로 쳐들어온다.

사탄이 얼마만큼 우리를 누르고 승리하려고 하는지 알고 있는가? 그는 마치 운동 시합을 하는 우리에게 반칙을 범해 스스로 퇴장하도록 방해 공작을 하고 있다. 그는 우울증으로부터 나오는 자연적인 가정을 변화시켜 우리가 영적인 패배감과 의심, 그리고 낙담하는 마음을 갖게끔 유도한다.

개성(Personality)을 인정하라

나는 당신이 자신의 개성을 용납하고, 기질을 인정할 것을 강력히 요청한다. 이제는 진리가 마음을 다스리고 있기 때문에 더 이상 자신에 대해 스스로 거부감을 가질 필요가 없다. 당신의 기질을 적대시하며 싸우던 것을 중지하고 그것이 하나님으로부터 당신에게 주어진 선물이라는 것을 인정하라.

내 경우를 보더라도 그렇다. 나는 수년 동안 내가 아닌 다른 사람이 되어 보려고 나 자신과 싸우며 지냈다. 나는 신경이 예민하고 긴장하기 쉬운 성격을 소유한 나 자신을 못마땅하게 생각했고, 항상 나에 대해 화가 났으며, 내가 아닌 다른 사람이 되어 보려고 노력했다. 내 생애에 전환점을 맞이한 것은 바로 내가 나 자신을 있는 그대로 용납할 수 있었을 때부터였다.

어느 날 주님께서 내게 이렇게 말씀하시는 것 같았다. "자, 이것이 네가 가진 전부이다! 너는 네가 아닌 다른 사람이 될 수 없어. 네가 가진 것을 불평하지 말고 만족하게 여겨라. 그리고 그것을 가지고 잘 활용하는 법을 배워라. 만약 네가 한 걸음 더 나아가서 너의 진짜 모습이 아닌 초인적 자신의 모습을 버리고 실제 모습을 내 손에 맡긴다면 너와 나는 좋은 관계를 가지게 되는 동시에 내가 너를 네 모습 그대로 사용할 수 있을 것이다."

우울증을 극복하며 사는 방법의 첫 단계는 자신을 있는 그대로 받아들이는 것이다. 이것은 당신이 자신의 기질에 의하여 좌우되어야 한다는 뜻이 아니다. 구원의 확신을 가진 후에 우리는 성령님의 지배를 받게끔 되어 있다. 그러나 성령님은 당신이 그분을 인식하고 그분께 자신을 드릴 때만 우리 안에 충만히 거하시고 우리를 지배하실 수 있다. 당신의 기질이 변화될 수는 없을지라도 성령님께 자신을 지배하시도록 허용할 수는 있다.

우리는 앞서 브렝글이 깊은 우울증에 빠져 있었던 것을 보았다.

그를 그러한 상태로 두고 싶지 않은 것이 나와 여러분의 동일한 생각이라고 믿는다. 그는 이렇게 말했다.

"기도도 아무 소용이 없었다. 진정 나는 기도의 영과 기도하는 능력을 잃어버린 것같은 느낌이었다. 다음 순간 내가 기억했던 것은 비록 나는 전혀 찬양과 감사를 드리고 싶지 않았지만 의지로 하나님께 감사와 찬양을 드리는 것이었다. 나의 감정은 우울증과 흑암으로 완전히 뒤덮여 있을 뿐 아무것도 느낄 수 없었다. 그러나 내가 그러한 시련을 주신 하나님께 감사했을 때 그것은 축복으로 변하기 시작했고 환한 빛이 희미하게 떠오르면서 천천히 타오르는 그 빛은 마침내 내 마음속에 있던 흑암을 깨뜨리고 말았다. 우울증은 지나갔고 나의 인생은 다시 아름답고 생기 있는 모습으로 변했다. 나는 다시 한 번 은혜로우신 축복들로 인하여 충만함을 경험할 수 있었다."[10]

바로 그것이다. 브렝글이 말한 "나는 기억했다"가 중요한 사실이다.

바울이 디모데에게 쓴 서신에서도 "내가 너로 생각하게 하노니"라는 대목이 나온다. 내일 아침 잠이 깨었을 때 기억할 것은 하나님의 사랑이 감정이나 행위로부터 나온 것이 아니라는 점이다. 심지어 그것은 하나님을 향한 우리의 사랑에 의해 좌우되는 것도 아니다. 그 사랑은 오직 하나님의 미쁘심에서부터 나오는 것이다. 주님의 지속적이고 변함없으신 사랑은 결코 끊어지지 않는다. 그분의 자비하심은 결코 고갈되어 없어지지 않는다. 그 사랑과 자비하심은 매일 아침마다 새롭다. "주의 성실이 크도소이다 … 여호와는 나의 기업이시니 그러므로 내가 저를 바라리라"(애 3:23-24).

"우리가 이 보배를 질그릇에 가졌으니

이는 능력의 심히 큰 것이 하나님께 있고

우리에게 있지 아니함을 알게 하려 함이라

우리가 사방으로 우겨쌈을 당하여도 싸이지 아니하며

답답한 일을 당하여도 낙심하지 아니하며

핍박을 받아도 버린 바 되지 아니하며

거꾸러뜨림을 당하여도 망하지 아니하고 …

그러므로 우리가 낙심하지 아니하노니

겉사람은 후패하나 우리의 속은 날로 새롭도다"(고후 4:7-9, 16).

11

우울증의
처리

우울증을 삶의 조절기로 사용하신다고 생각하라

당신이 소유한 우울증에 관한 감정을 솔직히 시인한다고 해서 하나님이 당신에 관한 새로운 사실을 알게 되는 것이 아니다. 이미 주님은 당신의 그와 같은 감정을 알고 계신다. 하나님은 그의 아들을 통해 인간의 모습이 되어서 이 땅을 디디실 때 동일한 경험을 하셨다. 그러므로 주님은 당신과 함께하시며 당신의 마음을 이해하시고 도우실 수 있다. 당신이 소유한 우울증을 시인하고 검토할 때 당신은 치유받기 위해 긍정적인 발걸음을 내딛는 것이다.

분수에 알맞는 생활을 하는가? 당신은 신체적인 면이나 감정적인 면 또한 영적인 면에 모두 한계를 가진 사람이다. 그리고 당신도 그 사실을 무시해서는 안 된다. 요즈음 충분한 수면을 취하고 있는가? 때에 따라 우리 모두가 충분히 쉬지 못한 채 이리저리 불려 다닐 때가 있다. 그러한 경우 우리는 과거에 남아 있던 힘을 과외로 사용할 수 있다. 그러나 그러한 예외가 규칙처럼 습관화될 때 당신은 항상 피곤한 상태에 머문다. 만약 당신이 계속 그러한 상태라면 만성적 우울증 혹은 병적인 우울증을 고민하게 될 것이다. 당신은 자신에 대한 위기의식을 느낄 뿐 아니라 에너지가 전부 소모됨에 따라 찾아오는 위기도 경험하게 될 것이다. 그러한 사람들은 자신이 어떤 사람인지 알지 못하며 너무 지쳐서 그것을 알아보려고 하지 않게 된다.

이러한 경우는 주님을 위한 사역에 종사하는 사람들에게도 전혀 다를 바가 없다. 하나님은 자연 법칙을 어겨서까지 성공적인 목사나 선교사 혹은 지나치게 헌신되어 있는 교회 사역자들을 만드시지 않다. 그들도 역시 하나님이 만드신 자연 법칙 밑에 그들의 신체와 감정이 지배를 받게 된다. 그러므로 규칙적으로 그러한 법칙을 어기며 그 상태에서 계속 머무를 수 없는 것이다. 당신은 어떤 종류의 부담을 짊어지고 다니는가? 당신은 자신이 어떠한 사람이라고 생각하는가? 자신을 하나님이라고 생각하는가? 그것이 완벽주의자들이 가지고 있는 문제 중에 하나라는 것을 여러분은 잘 알고 있다.

당신은 음식을 골고루 규칙적으로 먹고 있는가? 의사인 조카가 한때 응급실 환자들을 처리하는 일을 맡게 되었다. 나는 그녀에게 "우울증 환자가 자살 미수로 응급실에 실려 올 때 그들을 위해 무슨 일을 해"라고 물었다.

나는 그녀에게서 다음과 같은 말을 듣고 깜짝 놀랐다. "때에 따라서는 가장 먼저 그들에게 스테이크를 먹일 때도 있지요. 그들은 대개 단백질 결핍증에 걸려 있거든요. 그들은 2-3일 동안 제대로 먹지 못하기도 해요. 그들의 단백질 필수치가 매우 낮기 때문에 에너지 수치는 낮아진 반면 우울증 수치는 매우 높아져 있어요."

그리스도인들 중에는 항상 자신의 육체를 소홀히 여기면서 자신이 우울증에 빠지는 이유를 찾아내지 못하고 방황하는 사람들이 있다.

당신은 필경 하나님께서 당신의 삶을 조절하시기 위해 우울증을 허락하시고 그것을 삶의 조절기로 사용하시고 계신다는 생각을 한 적이 있는가? 하나님께서는 그러한 조정 장치를 통해 계속 비현실적인 삶을 추구하려는 당신을 제재(制裁)하시려는 것일지도 모른다. 혹은 불균형한 정서를 바로잡으시려는 것이 아니라고 장담할 수 있는가? 완벽주의라는 노예가 당신을 "자신이 요구를 반드시 만족시켜야만 한다"(ought)는 감정으로 몰고 갈 때 당신의 정서적 모터는 과부하(過負荷)가 걸리게 된다. 그 결과 당신은 만성적 우울증이라는 대가를 치르고야 말게 된다.

외부 환경에 대해 당신의 반응

어떤 사건이 벌어졌을 때 그 사건 자체보다는 그 사건에 대해 어떻게 반응하는지가 더 중요하다. 어떤 경우에는 그 반응들이 연쇄적으로 확장되어 정서적 또는 영적 우울증으로 발전될 수 있기 때문이다.

자존심이 상하는 일을 당해 본 적이 있지 않은가? 누가 매우 실망시킨 적은 없는가? 열심히 노력했지만 A 대신 B를 받지는 않았는가? 사랑하는 사람을 잃거나 죽음 또는 이혼으로 인해 불행한 가정이 되지 않았는가? 젊은 나이에는 꽤 아픈 경험일 수 있는 실연을 당한 적이 있는가? 나는 우울증에 빠져 있는 젊은이들이 이렇게 말하는 것을 많이 들었다. "내 친구들이 모두 나에게 달려와 말하기를 '네가 진짜 그리스도인이라면 그런 감정을 느껴서는 안돼'라고 하더군요." 그렇게도 실제적이 아닌 기준을 젊은이들에게 요구하는 우리는 얼마나 무자비한 사람들인가! 우울증을 일으키게 하는 또 다른 어려움 중 하나는 자신이 머무르던 익숙하고 안전하고 편안한 곳을, 또한 함께 머물던 사람들을 떠나 낯설고 새로운 환경 가운데로 들어가는 경우이다.

어떤 경우에는 우리가 방심하고 있던 면으로 예상 외의 공격을 받게 되는 때도 있다. 중무장한 탱크에 올라타 싸워서 큰 전투를 승리로 이끈 후에 숨어 있던 소수의 저격병에 의해 붙잡히는 경우가 그것이다. 엘리야 선지자에게 바로 그러한 일이 일어났다. 그는 바알 선지자 400백 명과 역사상에 남을 만한 가장 극적인 싸움을 싸워 승리로 이끌었다. 다음 순간 아합의 아내인 이세벨의 통렬하고 날카로운 전갈이 그에게 전해졌다. "엘리야에게 보내어 이르되 내가 내일 이맘때에는 반드시 네 생명을 저 사람들 중 한 사람의 생명과 같게 하리라"(왕상 19:2).

모든 중요한 일이 다 끝났다고 생각할 무렵 엘리야에게 예기치 않았던 어려움이 찾아왔다. 엘리야가 기쁜 마음에 가득 차 무방비 상태에 놓여 있을 때 저격병의 총탄이 그를 넘어뜨린 것이다. 그는 몇 시간 동안 기도하며 갈등하며 피곤한 상태에서 완전히 고갈되었다. 그가 이세벨의 총탄에 맞았을 때 자살하고 싶을 정도의 우울증에 빠지고 말았다. 그때 하나님이 그를 응급실로 데려가서서 응급 처치를 하셨다. 먼저 하나님은 엘리야로 충분한 수면을 취하게 하신 후 까마귀를 통해서 섭취할 수 있는 단백질 음식을 보내 주셨다. 다음으로 하나님께서는 엘리야가 올바른 생각을 할 수 있도록 그에게 다음과 같이 상기시켰다. "내 친구여, 지금 너만 홀로 남은 것이 아니라 내가 너와 함께 7,500명이나 되는 사람들을 보존해 두었는데 네가 그것을 잊어버리고 있었니?" 얼마 안 가서 엘리아의 감정과 영혼은 다시 정상적인 상태로 회복되었다.

내가 믿기로는 우리가 나타내는 세 가지 기본적인 반응들이 우울증을 유발시키는 원인이 된다. 즉 결단력의 결핍, 분노, 그리고 공평치 못하다는 느낌이나 부당하다는 느낌을 소유하는 것들이다.

결단력의 결핍(우유부단한 마음)

결정을 내려야 할 순간에 계속 뒤로 미루는 습관은 없는가? 그러한 방식으로 처리해 나가는 것이 당신의 삶을 지배하는 기준이 되고 있지 않은가? 그렇다면 당신은 마음에 평안을 누리지 못하고 덫에 걸려 있는 것과 같은 느낌을 가중시키는 억압 요인이 이미 마음속에 형성되어 있는 것이다.

우울증에 걸려 있는 많은 사람이 느끼는 감정은 무력함이다. 그들은 이렇게 생각한다. '나는 무엇인가에 의해 붙잡혔어. 그런데 빠져 나갈 곳을 찾지 못하겠어.' 당신의 에너지를 사용할 곳을 결정하는 일을 미루지 말고 결정을 내리고 실천에 옮기는 데 사용하라. 당신의 에너지를 건설적인 결정을 내리는 데 사용하는 것이 우울증에 걸리지 않는 좋은 방법이다.

혹시 누군가의 부탁을 거절하기가 어렵기 때문에 결정을 미루고 있지는 않은가? 누구에게 상처를 주게 될까 봐 그렇지는 않은가? 어떤 경우에는 다른 사람의 마음을 상하게 하는 일이 불가피한 때가 있다는 것을 인정해야 한다. 그러한 일을 처리하지 않을 때 당신은 사람들에게 두 배의 상처를 입히게 되며, 자신도 우울증에 빠지게 된다. 혹시 쉽게 승낙하는 일을 두려워하는가? 책임을 지는 일이나 모험을 하는 것을 두려워하고 있지는 않은가? 당신이 앉아 있는 자리에서 두 갈래 길을 쳐다보며 고민한다면 문자 그대로 두 마음을 품는 결과만 초래할 뿐이다. 야고보가 말씀했듯이 두 마음을 품은 사람은 모든 일에 정함이 없다(약 1:8). 어떤 일을 결정하지 못하고 우유부단한 사람이 우울증에 걸리기 훨씬 쉽다.

분노

나는 우울증을 가장 간결한 말로 이렇게 정의하고 싶다. "우울증은 응고된 분노이다."

만약 당신이 지속적으로 심각한 우울증을 보인다면 분명 당신은 생활하는 가운데 해결되지 않은 어떤 면이 있으리라 본다. 낮이 지나면 밤이 꼭 찾아오는 것과 같이 우울증은 마음에 확정함이 없는 사람, 분노를 참는 사람, 혹은 분노를 함부로 쏟아놓는 사람들에게 반드시 찾아들게 마련이다.

부당하다는 생각

완벽주의자들은 공평과 불공평에 대해 심한 편견을 가지고 있다. 그들은 이 세상에 있는 불의한 것들을 바로잡고 시정해야 하며, 밀에 섞인 가라지를 뽑아내야 한다는 느낌을 깊이 간직하고 있다.

그러한 느낌을 갖는 것 자체는 귀중하다. 개혁자들에게도 그러한 것이 있었고 목사나 선교사 그리고 더 나아가서는 그리스도인들이라면 누구나 조금씩은 가지고 있는 느낌이다.

부당한 것을 참을 수 없는 마음을 하나님께 드린 사람들은 정결하게 됨을 체험한다. 그들이 성령님의 지배를 받을 때 하나님이 사용하실 수 있는 유용한 도구로서 "성경적인 하나님의 거룩함을 선포하고, 한 국가를 개혁하는" 역사를 일으킬 수 있다고 존 웨슬리는 말했다. 그러나 하나님께 맡기지 않고 균형을 잃어버린 상태에서 해결되지 않은 분노를 마음속에 감추고 있을 때 나타나는 부당함은 매우 파괴적이다. 그 결과 우울증을 초래할 수 있고 인간관계를 분열시킬 수 있다.

나는 우울증이 있는 완벽주의자들 치고 불의한 취급을 받고 있으며, 부당한 대우를 받고 있다는 생각을 하지 않는 사람을 보지 못했다. 부당함 가운데 살고 있다고 생각하며 깊은 분노를 마음속에 품고 있는 사람들의 문제를 해결할 수 있는 유일한 해답은 용서를 체험하는 길뿐이다.

누구를 가장 크게 용서해야 하는가? 부모들과 가족들이다. 너무나 많은 경우에 있어 우울증의 뿌리가 어린 시절 가족들과 지내는 동안 그들의 마음 밭에 숨겨진 채로 깊게 내려진 것을 발견할 수 있다. 만일 당신이 그러한 분노의 근원을 정직하게 깨닫고 처리하며 원통한 마음을 풀고 용서하지 않는다면 당신의 우울증은 온실 안에서 무럭무럭 자라나는 화초와 같이 크게 자라날 것임에 틀림없다.

용서를 경험한 사람의 이야기

마리아와 마르다는 성격이 전혀 다른 자매였다. 마리아는 외향적이며, 활발한 성격의 소유자였다. 마르다는 조용한 성품을 지닌 재주가 많은 여자였다.

마르다가 어느 날 자신이 교제하던 남자와의 관계를 의논하기 위해서 찾아왔다. 그녀가 자신의 문제를 이야기하는 동안 나는 그녀가 많은 감정적인 문제들을 안고 있다는 사실을 발견하게 되었다. 그녀는 자신에게 우울증도 있으며 자기가 지금 사귀는 남자에게도 화를 자주 내고 그의 결점을 잘 들추어낸다고 말했다. 그녀는 그 남자를 사랑하고 싶은 마음도 있었고 그것을 위해서 노력도 해 보았지만 다른 한편으로는 그 남자를 못살게 굴고 그를 괴롭히고 싶은 마음이 자신에게 있다는 사실을 인식하고 스스로 놀라게 되었다고 했다. 이번만이 아니라 과거에도 그와 같은 방식으로 이성 교제를 해 왔고 그러한 것들이 그녀에게는 상처로 남아 있었다.

우리가 이야기를 나누는 동안 그녀의 마음속에 묻혀 있던 많은 원통함이 노출되었고 그녀는 그러한 자신의 감정들을 시인하고 처리해 나가기 시작했다. 그중 어머니와 아버지에 대해 품었던 감정들도 있었다. 그녀는 마음속에 품었던 분노 대신에 사랑으로 부모들의 실수를 용서했다.

그러나 어느 날 마르다에게 가장 큰 문제가 되었던 것은 마리아라는 사실이 명백하게 드러났다. 그리고 갑자기 과거에 그녀가 경험했던 분노의 감정들이 기억나기 시작했으며 그때 있었던 일들이 그녀의 머릿속에 주마등처럼 스쳐 지나갔다. 지금까지 살아오는 동안 그녀의 생애는 비교 의식을 느끼며 사는 생활로 점철되어 있었다. 부모와 선생님, 친구, 목사님, 그리고 이웃 사람이 그녀에게 비교 의식을 심어 주었던 것이다.

그녀의 기억 속에 상처로 남아 있던 과거의 경험들을 치료받기 위해 우리는 함께 기도했다. 그녀는 하나님께 마음을 열고 자기에게 잘못을 행했다고 느꼈던 사람들을 용서했을 뿐만 아니라, 동시에 하나님께 자신의 잘못에 대한 용서도 구했다. 그리고 하나님께 자신의 감정들을 변화시켜 달라고 맡겼을 때 성령님께서는 마치 닫혔던 커튼을 제치듯이 마르다가 지금까지 깨닫지 못했던 사실들을 꿰뚫어 볼 수 있도록 특별한 통찰력을 갖게 해 주셨다.

그녀는 기도하는 도중에 크게 소리 내어 울기 시작했다. "오, 주님! 저는 지금까지 모든 것을 마리아와 연관해서 말하고 생각하고 행동하고 목표를 세워 왔다는 사실을 깨달았습니다. 당신이 계셔야 할 그 자리에 나는 마리아를 대신 갖다 놓고 있었습니다!"

마르다는 옷을 입는 것이나 학교에서 전공을 택하는 것 혹은 남자친구를 사귈 때나 목표를 세울 때 등 어떤 결정을 내리든지 간에 반드시 마리아와 경쟁한다는 느낌을 항상 가지고 있었다. 그리고 마르다의 마음속에 감추어졌던 상처들과 분노들로 인해 마르다는 정서적으로 예속된 상태에 놓여 있었던 것이다. 비교 의식이나 편애 때문에 일어난 참을 수 없는 부당한 감정들을 용서하고 떨쳐 버리는 일이 그녀에게는 무척 어려웠다.

마르다는 한 시간 이상 기도로 하나님께 매달리며 자신과 투쟁하고 있었다. 마침내 그녀도 지쳤고 나도 지쳤다. 그러나 그렇게 갈등하며 기도로 하나님께 매달렸을 때 마르다는 진정으로 용서하는 마음을 가지게 되었다. 그녀는 미움과 경쟁심으로부터 자유함을 누리게 되었다. 그녀의 마음속에 응어리져 있었던 어린 소녀의 분노로부터 해방되는 것을 경험했다.

몇 달 후 그녀를 다시 만났을 때의 이야기는 너무나 아름다웠다. 그녀는 나에게 이렇게 말했다. "정말, 저는 다시 태어났습니다. 이제 제가 겪는 우울증은 단지 정상적인 상태에서 왔다갔다하는 감정에 불과하며 예전에 느꼈던 깜깜한 구렁텅이가 절대로 아니에요. 그리고 무엇보다도 가장 좋은 것은 과거에 생각했던 나와는 전혀 다른 나의 새로운 모습을 찾게 되었습니다. 나는 자유로워졌어요! 나는 스스로의 생각과 취향을 가지고 살게 되었지요. 내가 원하는 대로 선택하고 목표도 세우게 되었습니다. 나는 진짜 내가 된 것이 얼마나 기쁜지 모르겠어요!"

그녀는 얼굴 표정까지도 변화되었고 마르다는 이제 온전한 인격을 소유한 사람이 되었다. 그녀는 다른 사람을 자유롭게 사랑할 수 있게 되었다. 그 이유는 무엇인가? 그녀는 자신이 가지고 있었던 문제들 즉 상처와 분노와 공평하지 못하다는 생각들을 스스로 시인하고 하나님께 그 문제들을 내려놓았다. 아울러 그녀는 하나님의 사랑에 의해 자신의 모든 문제가 말끔히 씻기는 것을 체험했다.

당신의 삶에서도 해결되지 않은 분노가 있는가? 당신은 하나님을 원망하고 있지는 않은가? 너무나 많은 사람들이 하나님을 용서해야만 할 필요가 있다. 그 이유는 하나님이 그들에게 무엇을 잘못해서가 아니라, 그들이 자신의 문제들에 대한 책임을 하나님께 전가시켰기 때문이다. 이제 당신은 진정 당신의 문제가 무엇인지를 바로 인식하고 하나님의 사랑을 깊이 깨달음으로 인해 그 문제들을 해결할 때가 왔다는 것을 믿으라.

당신은 분명 지금까지 결혼 생활을 하는 동안 아내나 남편이 과거에 당신에게 저지른 잘못들을 용서해야 할 필요가 있을지도 모른다. 용서한다는 것은 상대방이 처해 있는 현재 입장에서 그를 그대로 용납하고 그에게 은혜를 베푼다는 뜻이다. 그가 비록 당신이 원하는 것을 채워 주지 못하는 상태에 있다 하더라도 그 사람의 약점을 용납해 주고 용서하는 것이다. 결혼 생활에서 남편이 자신들의 권리를 주장하지만 그것이 자신들이 원하는 대로 이루어지지 않을 때 가장 심각한 우울증을 일으킬 수 있다. 남편이 혹은 아내가 이러

이러하기 때문에 나는 이렇게 느낄 수밖에 없다는 생각에서 분한 마음, 속상한 느낌, 배신감 등을 품게 된다면 당신은 반드시 우울증에 걸리고 말게 될 것이다.

당신은 아마도 당신의 직장 상관에 대해 분노감을 계속 가지고 그를 용서하지 못하기 때문에 우울증에 빠졌는지도 모른다. 당신의 상관이 그의 권위를 남용했거나 그가 잘못한 것이 있다고 치자, 그래도 당신은 그를 용서해야만 한다. 당신이 그의 밑에서 그에게 복종하는 것은 하나님의 섭리 가운데 하나님께서 그것을 허용하신 것일지도 모른다. 만약 당신이 그를 용서하지 않는다면 우울증은 가까운 친구처럼 당신에게 반드시 다가오고 말 것이다.

바울은 로마에 있는 교회에게 이렇게 권면했다. "내 사랑하는 자들아 너희가 친히 원수를 갚지 말고 진노하심에 맡기라 기록되었으되 원수 갚는 것이 내게 있으니 내가 갚으리라 … 네 원수가 주리거든 먹이고 목마르거든 마시우라 … 악에게 지지 말고 선으로 악을 이기라"(롬 12:19-21). 이 세상의 부정과 불공평과 상처들을 고치고 바로잡는 것은 하나님께 속한 일들이다. 하나님께서는 "내 일에 참견하지 말라!"고 경고하신다.

그러나 반면 하나님은 우리를 위해서 하시는 용서와 사랑의 사역에 당신을 초대하신다. "서로 인자하게 하며 불쌍히 여기며 서로 용서하는 데 있어서." 하나님이 우리에게 권면하시는 말씀은 "내가 그리스도 안에서 너희를 용서하심과 같이 너희도 그렇게 하라"(엡

4:32)는 것이다. 잘못된 것을 시정하고 원수를 갚는 일에서 손을 떼고 용서하고 사랑하는 일에만 전념하라.

마음속에 일어나는 분노와 불법과 불공평에 대해 지나치게 예민한 마음을 하나님께 드릴 때 자기 비애로 인한 고통으로부터 벗어나게 되며 우울증의 문제도 곧 해결되는 것을 체험하게 될 것이다.

루터와 씨맨즈

마르틴 루터(Martin Luther)가 우울증에 관해 많은 글을 썼다는 것을 안다면 아마 놀라게 될 것이다. 그는 불행한 어린 시절을 경험했고 매우 엄격한 종교적인 환경 가운데서 자랐다. 그래서 마르틴 루터는 자신의 낮은 자존감과 우울증으로 인해 끊임없이 투쟁하지 않으면 안되었다. 그는 이러한 문제들의 해결책에 대한 여러 가지 훌륭한 묘안들을 그때그때 새롭게 제시했다. 루터가 제안했던 것들을 소개하고 또한 나에게 크게 도움이 되었던 것들도 아울러 나누어 보기로 하자.

홀로 있지 말라

우울증에 빠져 있을 때는 주위에 다른 사람이 있는 것을 꺼려하게 된다. 다른 사람으로부터 회피하고 싶어 한다. 다른 사람을 피한다는 것은 다른 사람으로부터 격리된다는 것을 의미하고, 또한 우울증이 있을 때 경험하는 격리감으로 인해 소외감을 느끼게 된다. 사람들과 함께 있을 수 있도록 자신을 강제로 채찍질하라. 이러한 결정을 의지적으로 내리는 것이 우울증을 처리하는 데 있어서 해야 할 가장 큰 부분 중에 하나이다.

다른 사람에게 도움을 구하라

우울증이 찾아올 때 당신의 감지력은 변하게 된다. 조그마한 언덕이 큰 산처럼 보인다. 그러나 그때 진실한 친구들이 당신을 도와줌으로서 올바른 각도에서 실제의 높이를 볼 수 있도록 해 준다. 우울증으로부터 스스로 빠져 나오려는 것은 마치 몸이 마구 빠져 들어가는 늪에서 자신의 머리자락을 스스로 잡아 당기려는 처사와 비슷하다. 당신에게 기쁨을 가져다주는 환경과 친구들을 찾으라. 이 점에서도 당신은 스스로 선택해야 할 절대적인 책임을 가지고 있다.

노래하라, 음악을 즐기라

사울 왕이 우울증에 빠졌을 때 이 방법으로만 고침을 얻었다. 다윗이 연주했던 음악의 하모니와 아름다움은 우울증으로 억눌렸던 사울 왕의 마음을 유쾌하게 해 주었다(삼상 16:14-23).

찬양하고 감사하라

수세기에 걸쳐 많은 성도가 이에 동의했다. 브렝글도 이 방법을
사용해 어려움을 극복했다. 하나님의 임재하심을 느낄 수 없고 진
정으로 기도할 수 없었을 때 그는 나뭇가지 위에 달려 있는 잎사귀
를 만드신 하나님께 감사하거나 새의 아름다운 날개를 만드신 분께
감사하곤 했다.

일상생활에서 볼 수 있는 단순한 것들에 대해 감사해라. 바울
이 디모데에게 요점적으로 부탁한 것도 "기억하라, 그리고 감사하
라"(딤후 1장)였다. 바울이 데살로니가 교인들에게 말한 것도 모두 "모
든 것에 대해 감사한 느낌을 가지라"고 하지 않고 "모든 일에 실제로
감사하라"(살전 5:18)였다.

하나님 말씀의 능력에 깊이 의존하라

우리가 우울증으로 고민할 때 하나님께서는 성경에 기록된 어떤
부분의 말씀이든지 사용하셔서 우리에게 역사하신다. 수세기를 걸
쳐서 하나님의 백성은 시편 말씀이 가장 유익하게 그들에게 도움이
된다는 사실을 발견했다. 그 이유는 시편 기자야말로 우울증으로부
터 오는 감정 하나하나를 가장 잘 알고 이해했던 사람이었기 때문이
다.

시편 150편 중에서 48편이나 되는 부분들이 우리의 어려운 상
태를 말해 주고 있다. 나는 종종 다음의 시편들을 제안하곤 한다(6,

13, 18, 23, 25, 27, 31, 32, 34, 37, 38, 39, 40, 42, 43, 46, 51, 55, 57, 62, 63, 69, 71, 73, 77, 84, 86, 90, 91, 94, 95, 103, 104, 107, 110, 116, 118, 121,123, 124, 130, 138,139, 141, 142,143, 146, 147편).

가장 유익한 방법은 그것들을 크게 소리 내어 읽는 것이다. 그것은 시편 기자가 표현한 포기와 절망과 고독의 감정들을 자신이 현재 경험하는 감정으로 받아들이고, 또한 그것을 하나님께 대한 당신의 믿음과 소망으로 표현하는 것이다.

성령님의 임재하심 가운데서 확신 있는 태도로 휴식을 취하라

시편 기자는 거듭 반복해서 우울증으로부터 해방되는 비결을 선언하고 있다. 그는 스스로 자신을 이렇게 격려하고 있다. "너는 하나님을 바라라 '그 얼굴의 도우심을' 인하여 내가 오히려 찬송하리로다"(시 42:5). 여기에 하나님의 얼굴에 대한 확신이란 하나님의 임재를 누린다는 증거를 표시하는 말이다.

예수님이 제자들과 마지막 밤을 보내면서 깊은 우울증 가운데 빠진 제자들을 위로할 때도 앞에서 말한 것과 기본적으로 같은 개념을 사용하셨다. "내가 아버지께 구하겠으니 그가 또 다른 보혜사를 너희에게 주사 영원토록 너희와 함께 있게 하시리니 … 내가 너희를 고아와 같이 버려두지 아니하고 너희에게로 오리라 조금 있으면 세상은 다시 나를 보지 못할 터이로되 너희는 나를 보리니 이는 내가 살았고 너희도 살겠음이라"(요 14:16, 17-18).

나는 심장 절개 수술을 한 어떤 사람이 쓴 경험담을 읽은 적이 있다. 수술받기 전날 멋진 간호사가 병실로 찾아왔다. 그녀는 자신의 손을 잡아 보라고 했다. 나는 그 간호사가 참 훌륭한 아이디어를 가지고 있다고 생각했다.

"자, 보세요." 그녀는 말했다.

"내일 수술을 받으시는 동안 당신은 당신의 심장과 분리된 상태에서 오직 기계의 도움에 의해 생명이 유지될 것입니다. 당신의 심장 수술이 성공적으로 끝나면 당신의 심장 기능은 다시 정상으로 돌아오고 마침내 회복실에서 깨어나게 될 것입니다. 그러나 당신은 약 6시간 동안 움직일 수 없는 상태에 놓일 것입니다. 당신이 비록 움직일 수도 없고 말도 못하고 심지어는 눈을 뜨고 싶어도 뜨지 못하는 상태일지라도 당신의 의식은 완전한 가운데 주위에서 일어나는 모든 것들을 듣고 알게 될 것입니다. 당신이 이런 경험을 하게 될 6시간 동안 내가 당신 곁에서 지금과 같은 방법으로 당신의 손을 잡고 있겠습니다. 나는 당신이 완전히 회복할 때까지 당신 곁에 머물겠습니다. 비록 당신이 어찌할 바를 확실히 알지 못하는 가운데 빠질지라도 당신이 내 손길을 느끼게 될 것입니다. 이로써 내가 당신을 떠나지 않을 것이라는 사실을 알게 될 것입니다."

간호사가 말해 주었던 일들이 그대로 일어났다. 의식은 완전히 깨어 있었다. 그리고 아무것도 할 수 없었다. 그러나 몇 시간 동안 손을 잡아 준 간호사의 손길을 느낄 수 있었다. 그것이 어려움을 경험하는 동안 얼마나 큰 위로가 되었는지 상상할 수 없으리라!

예수님께서 성령님을 통해서 계속 임재해 주실 것이란 약속은 그가 즐겨 사용하신 보혜사(Paraclete)란 말 가운데 나타나 있다. 이 단어는 "우리 옆에 와 계셔 주시는 분"이라는 뜻이다. 이 예수님의 약속이 당신의 마음속에 깊이 새겨지도록 하라. 그래서 가장 깊은 우울증 가운데 빠지게 될 때에도 당신이 느끼는 감정과 상관없이 그분이 당신과 함께하신다는 사실을 확인하라.

"예수께서 그 묻고자 함을 아시고 가라사대 내 말이 조금 있으면 나를 보지 못하겠고 또 조금 있으면 나를 보리라 하므로 서로 문의하느냐 내가 진실로 진실로 너희에게 이르노니 너희는 곡하고 애통하리니 세상이 기뻐하리라 너희는 근심하겠으나 너희 근심이 도리어 기쁨이 되리라 … 지금은 너희가 근심하나 내가 다시 너희를 보리니 너희 마음이 기쁠 것이요 너희 기쁨을 빼앗을 자가 없느니라 그날에는 너희가 아무것도 내게 묻지 아니하리라"(요 16:19, 20, 22, 23).

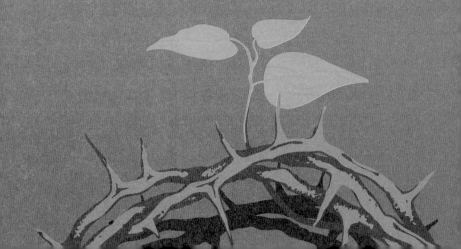

Healing
for
Damaged Emotions

PART 4

하나님의 치유의 능력,
가장 위대한 승리

"피조물이 다 이제까지 함께

탄식하며 함께 고통하는 것을 우리가 아나니 이뿐 아니라 또한

우리 곧 성령의 처음 익은 열매를 받은 우리까지도

속으로 탄식하여 양자 될 것 곧 우리 몸의 구속을 기다리느니라 …

이와 같이 성령도 우리의 연약함을 도우시나니

우리가 마땅히 빌 바를 알지 못하나 오직 성령이

말할 수 없는 탄식으로 우리를 위하여 친히 간구하시느니라

마음을 감찰하시는 이가 성령의 생각을 아시나니

이는 성령이 하나님의 뜻대로 성도를 위하여 간구하심이니라

우리가 알거니와 하나님을 사랑하는 자

곧 그 뜻대로 부르심을 입은 자들에게는

모든 것이 합력하여 선을 이루느니라"

(롬 8:22-23, 26-28).

12

하나님의
재생시키는 은혜

하나님이 내 상처를 변화시켜 풍성한 삶으로 이끄시다

우리는 이제 치유 과정에 있어서 아마도 가장 중요한 부분에 와 있다고 할 수 있겠다. 그 이유는 여기에서 하나님의 치유의 능력이 가장 위대한 승리로서 계시되고 있기 때문이다. 그는 인간의 상처들을 담당하시고 그것들을 변화시켜 우리의 유익과 자신의 영광으로 이끄신다.

우리는 지금까지 여러 가지 종류의 은혜를 다루었다. 나는 이제 여러분과 함께 특별한 은혜의 부분을 살펴보고자 한다. 나는 이것을 '재생시키는 은혜'(Recycling grace)라고 부르겠다.

나는 큰 폐품 재생 공장이 있는 도시를 방문한 적이 있다. 그 재생 공장에서는 사용하지 못하게 된 것들을 유용한 에너지 연료로 바꾸는 작업을 하고 있었다.

이와 비슷한 방법으로 하나님께서는 우리를 재생시키는 은혜를 사용하셔서 우리의 연약함과 손상된 심령들, 그리고 생애에 못쓰게 된 부분들을 재생시키신다. 그것들을 불구된 저주의 상태로부터 성장을 위한 수단과 하나님의 일을 위해 사용될 도구로 변화시키는 일을 하실 것이다.

로마서 8장 18-28절에서는 성경의 다른 어떤 부분에서보다도 이 사실을 가장 심오하고 아름답게 다루고 있다. 물론 이 구절들은 더 큰 의미로 적용될 것이지만 나는 여기에서 이것을 좀 더 특별한 방법으로 적용시키길 원한다. 하나님께서는 상처를 경험한 사람들을 변화시켜 치유받은 상담자들로 만드실 수 있다.

사도 바울은 우리가 사는 세상은 타락하고 불완전한 세상이며, 우리가 그 가운데서 고통을 당한다는 사실을 먼저 말했다. 이것에 대해 어떤 사람은 즉시 이렇게 반문할지도 모른다. "나는 목사님들이 항상 이런 사실들을 들추어내는 것을 이해하기 어렵군요. 왜 이 세상에는 그렇게 많은 아픔과 고통이 존재해야 하는지 모르겠습니다."

위의 질문에서 중요한 단어는 '이 세상'이고 그것이 바로 사도 바울이 말하고자 하는 요점이다. 우리는 이 세상에 살기 때문에 고통을 당한다. 그것은 우리가 바라는 꿈의 세계도 아니고 우리의 환상 가운데 이루어지기를 소원하는 이상향(유토피아)도 아니다. 우리가 사는 이 세상은 타락 사건 이후 하나님의 자녀들의 불순종으로 죄가 침투하게 됨으로 인해 하나님이 허락하신 낙원을 빼앗긴 상태에서 사는 에덴동산을 등진 세상이다. 이 세상은 악의 세력이 하나님이 계획하신 원래의 완전한 청사진을 못쓰게 만들고 흐려 놓고 흐트러 놓고 짓밟아 버린 곳이다.

이 세상에서 우리는 하나님이 의도하신 온전한 뜻 대신에 그분이 할 수 없이 허용하시는 조건적인 뜻에 따라 살아야 할 때가 많다. 사도 바울은 진정으로 이렇게 말하고 있다. "현실을 직면하라! 너희는 타락 이전의 역사로 돌아갈 수 없다. 꿈의 세계에서 살 수 없다." 그리고 바울은 이 세상의 모든 것, 즉 무생물에서부터 인간에 이르기까지 모든 피조물들이 완전해졌다고 말했다.

세상은 새롭게 될 것을 바라는 가운데 자연과 인간의 마지막 구속을 고대하며 고통하고 있다. 새롭게 될 세상에서 우리는 새로운 몸과 마음을 소유한 새 사람들이 될 것이며, 모든 것이 올바른 상태로 변하게 될 것이다.

바울은 하나님께서 이 세상에서 그의 계획과 그의 뜻을 이루시기 위해서 우리의 죄와 연약함과 실수를 필요로 한다고 말씀하고 있지 않다. 오히려 이 타락한 세상에서는 그러한 것들을 통해서만이 하나님께서 섭리하시고 허용하시는 뜻을 이루어 나가실 수밖에 없다고 말한다. 만약 우리가 모든 인간의 정서적 파손과 상처의 원인을 추적할 수 있다면 우리는 결국 그것들이 누군가가 범한 죄의 결과라는 것을 발견하게 될 것이다. 그것은 아마 수세대 전까지도 올라갈 수 있으리라. 그 상처의 원인을 완전히 추적해 볼 수만 있다면 우리는 불완전한 유전인자와 불완전한 자녀 양육과 불완전한 행동들이 대대로 전해 내려옴으로 인하여 연약함과 손상된 심령을 소유하게 된 것을 볼 수 있으리라.

나의 사무실에서 누군가 나에게 무시무시하게 상처를 경험한 사람의 이야기를 쏟아 놓는 일이 종종 있다. 그때 그는 잠깐 멈추고 나에게 이렇게 말한다. "그러나 내가 후에 그의 부모들 혹은 조부모들이나 가족들에 관한 사실들을 알고 나니 그를 이해하는 데 큰 도움이 되었지요. 나는 그에게 어떤 일들이 일어났었는지 알게 되었고 그가 어떻게 해서 그렇게 손상되고 파괴되었는지를 알게 되었어요. 그런 다음 나는 그를 이해하기 시작했고 심지어는 그에게 동정심까지 갖게 되었답니다."

나는 그러한 이야기를 들을 때 항상 기뻤다. 그가 상대방에 대한 동정심을 가질 수 있으므로 문제를 가진 그 사람을 용납하게 되고, 그를 용납함으로 인해 사랑할 수 있다는 것을 나는 잘 알고 있기 때문이다.

우리와 함께하시는 분

사도 바울은 이 심오한 신학을 실제적인 분야에 적용시켰다. 바로 그 분야는 상한 감정과 문제들을 가지고 사는 우리들의 생활 그 자체를 말한다. "성령께서도 우리의 연약함을 도우시나니." 곧 성령님은 우리의 약한 면을 도와주신다(롬 8:26). 하나님께 감사할 수밖에 없다.

하나님은 우리를 홀로 내버려 두시지 않는다. 하나님은 우리를 그대로 내버려 두시고 우리의 얄팍한 자원을 가지고 이 모든 어려움들을 헤쳐 나가도록 두지 않으신다. 하나님은 우리가 패배한 삶을 살도록 내버려 두시지 않는다는 말이다. 그 이유는 이미 상함을 경험하신 우리의 대제사장이신 예수 그리스도가 우리의 연약함을 알고 계시기 때문이다.

하나님의 아들이신 예수님은 육신의 몸을 입고 오셨을 때 우리 인간들과 동일시되셨다. 그는 우리의 연약함을 이해했을 뿐 아니라, 우리의 감정까지도 이해하셨다. 그는 거부당함으로부터 오는 아픔을 이해하신다. 그는 이별의 고통을 이해하신다. 그는 고독과 버림받는 것이 얼마만큼 참혹하다는 사실을 이해하신다. 그는 먹구름 같은 우울증 증세에 대해서도 알고 계신다.

이와 같은 연약함들과 이와 같이 우리를 못쓰게 만드는 것들과 약함들에 대해서 그는 아신다. 그는 동감하신다. 그는 우리처럼 한 번 상처를 경험한 적이 있는 치료자이시다. 그분의 "상함은 우리의 죄악을 인함이라." 그리고 그분께서는 "실로 우리 질고를 지고 우리의 슬픔을 당하셨다."

그리스도께서는 한 번 상처를 경험한 치료자이시기 때문에 그리고 완전히 이해하시는 분이기 때문에 이 세상을 떠나가실 때에 주님을 좇는 사람들을 홀로 두고 가지 않으시리라는 약속을 하셨다. 주님은 보혜사 곧 파라클레토스(paracletos)를 보내심으로써 주님이 그들과 함께 하실 것을 말씀하셨다(요 14:16,18). 헬라어로 '파라'(para)는 '옆에'라는 뜻이 있고 '칼레오'(kaleo)는 '부르신다'라는 뜻이 있다. 주님께서는 이렇게 말씀하신다. "나는 네가 부를 때마다 네 옆에서 너의 연약함을 도울 수 있는 분을 보낼 것이다."

우리는 헬라어에서 '돕는다'는 말을 어떻게 표현하는지 알아볼 필요가 있다. 그 말은 다음 세 단어의 복합어로 되어 있다. '함께 혹은 누구와 더불어'라는 뜻이 있는 '순'(sun)과 '반대편'이란 뜻이 있는 '안티'(Anti)와 '~을 잡는다'라는 의미를 가진 '람바노'(lambano)가 함께 모여서 된 것이다. 이 말을 전부 합쳐서 쓰면 '순안티람바노타이'(sunantilambanotai)가 된다. 이는 '상대편에게로 와서 붙잡아 준다'는 뜻이다.

이 헬라어 단어를 생각할 때 벅찬 마음이 든다. 당신도 그 뜻을 이해한다면 그와 같을 것이다. 예수께서는 이 렇게 말씀하셨다. "나는 네게 '파라클레토스'를 보내겠다. 그가 와서 네 옆에 있으면서 네가 부를 때마다 네 편으로 와서 너를 붙들어 주고 너와 함께해 줄 것이다."

조금 더 전문적인 분석을 해 보기로 하자. 그러면 더 큰 도움이될 것이다. 이 단어는 직설법으로 쓰여졌으며, 어떤 사실을 설명하고 있다. 또한 중간 상태로서 성령께서 행동을 취하시는 사실을 나타내고 있다. 이것은 또한 현재형으로서 습관적이고 계속적인 행동을 나타내 주고 있다. 이로 보건대 성령께서는 항상 우리와 함께 계시는 것을 의미한다.

여기에 '파라클레토스'의 가장 위대한 사역들은 위로와 상담하는 일이다. 그는 우리 맞은편에 서서 손상되어 연약해진 우리를 항상 붙들어 주실 준비가 된 분이다. 그는 우리의 손상된 감정과 고통스러운 과거의 상처들을 싸매 주려고 대기하고 계신다. 그는 우리가 손상되었거나 우리의 행동이 불완전하다고 우리를 떠나시는 법이 결코 없다. 그는 완벽주의자들이 상상하고 있는 하나님에 대한 그릇된 상과는 정반대되는 상을 가지고 계신다.

완벽주의자들은 하나님이 항상 이렇게 속삭인다고 오해하고 있다. "자, 좀 잘해 봐! 좀 더 노력해! 너는 그보다는 더 잘할 수 있지 않니! 내 수준까지 올라오면 내가 너를 사랑해 줄게!"

그러나 '파라클레토스'는 모든 것을 이해하는 하나님이시다. 그는 우리가 너무 무거운 짐을 짊어지고 있는 것을 아시는 분이다. 그는 우리 스스로의 힘만으로는 그 짐을 질 수 없다는 사실도 이해하신다. 그래서 우리 옆에 오셔서 우리의 무거운 짐을 들어 주시고 그 고통을 덜어 주시고 우리가 그 짐을 질 수 있게 도와주신다. 우리가 연약해서 할 수 없는 것을 할 수 있게 해 주신다. 이는 얼마나 아름다운 광경인가!

이 단어는 신약 가운데 이 곳 외에 단 한 군데밖에 나오지 않는데 바로 누가복음 10장 40절에서 찾아볼 수 있다. 마리아는 예수님의 발치에 앉아 있었다. 그녀는 예수님의 사랑과 예수님의 가르침을 즐기고 있었다. 이때 마르다는 부엌에서 바쁘게 움직이고 있었다. 그녀는 혼자서 모든 것을 도맡아서 만들고 있었다. 그녀는 또한 속이 점점 타 들어가고 있었다. 시시각각 울분이 치솟고 있었다. 마침내 그녀는 방문을 박차고 나와 앞뜰로 왔다. 그곳에는 예수님과 마리아가 앉아 있었는데 그녀는 소리쳤다.

"예수님, 제발 마리아에게 얘기해서 이곳에 와서 나를 좀 '순안티람바노'(sunantilambano)하게 좀 해 주십시오. 제발 이곳에 와서 자기가 해야 할 몫을 감당하고 내 일을 거들게 해 주소서. 나는 이것을 혼자 할 수 없습니다."

이 말이 곧 이 단어의 의미를 잘 묘사해 주고 있다. 즉 성령께서 우리를 돕고 우리의 맞은편에서 우리를 거들어 주시는 것을 의미한다. 상한 심령을 가진 사람들에게는 다음과 같은 복음의 기쁜 소식이 있다.

- 하나님은 우리를 사랑하신다. 이는 우리가 선해서가 아니라 우리가 선을 이루기 위해서 그의 사랑이 필요하기 때문이다.
- 우리의 대제사장이신 그리스도께서는 우리의 죄와 우리의 연약함을 담당하셨다. 이는 우리가 선해서가 아니라 우리가 선을 이루기 위해서 그의 사랑과 그의 용납하심이 필요하기 때문이다.
- 성령께서는 그의 끊임없는 임재하심과 능력을 통해서 우리가 모든 것을 할 수 있게 하신다. 이는 우리가 선해서가 아니라 우리가 선을 이루기 위해서 그분이 필요하기 때문이다. 이 얼마나 기쁜 소식인가!

하나님의 은혜는 다음과 같이 우리에게 완전히 채워졌다. 하나님 아버지는 무조건적이고 용납하는 사랑을 우리에게 주셨다. 그 아들은 대제사장이자 직접 상처를 경험한 적이 있는 치료자로서 우리의 죄와 우리의 연약함을 이해해 주신다. 그리고 성령께서는 날마다 사랑하시며 우리를 붙들어 주시고 도와주신다.

그러면 성령께서 손상되어 연약해진 우리를 어떻게 도우시는가? "우리가 마땅히 빌 바를 알지 못하나 오직 성령이 우리를 위하여 친히 간구하시느니라"(롬 8:26). 성령님께서는 진정 우리를 이해하실 수 있다. 그는 우리 속에 있는 것들을 이해하시는 동시에 하나님의 마음을 이해하시기 때문에 우리와 하나님을 서로 어떻게 연결시켜 줄 수 있는가를 잘 아신다. 그러므로 성령님께서 친히 말할 수 없는 탄식으로 간구하신다. 그는 하나님의 뜻에 맞게 우리를 위해서 간구하신다. "마음을 감찰하시는 이가 성령의 생각을 아시나니"(27절). 여기에 '마음'이란 단어를 다른 말로 해석해 보면 '무의식적인 생각'이라는 뜻으로 받아들일 수 있는데 바울이 무엇을 말하고자 하는지 이해할 수 있으리라 생각한다.

우리의 깊은 내적 자아 속에는 우리가 받은 상처와 고통이 숨겨져 기억 속에 저장되어 있는 큰 창고가 있다. 이 창고 속에 묻혀 있는 상처와 고통이 어떤 때는 너무 깊이 박혀 있기 때문에 정상적인 기도나 혹은 열심히 소리 내어 기도해도 별효과를 나타내지 못하는 경우가 있다.

이 부분이 바로 성령님의 사역을 통해 치유함을 받아야 될 필요가 있는 부분이다. 여기가 부드러운 길르앗의 향유로 오래된 상처들을 씻어 내야 할 곳이다. 여기에서 용서를 경험하고 상처들이 낫는 것을 경험하며 하나님의 사랑이 넘쳐흐르는 것을 통해 치유함을 경험하게 된다. '파라클레토스'는 곁에 오셔서 도우실 뿐만 아니라 속에까지 오셔서 역사해 주신다.

가장 좋은 부분이 아직도 남아 있다. 우리는 로마서 8장 28절을 종종 문맥을 떠나서 인용할 때가 많다. 이 구절은 앞에서 말해 온 전체의 내용과 연관되어 있는 마지막 내용이다. "우리가 알거니와 하나님을 사랑하는 자 곧 그 뜻대로 부르심을 입은 자들에게는 모든 것이 합력하여 선을 이루느니라."

"모든 것이 합력하여 선을 이루느니라"에서 말하고 있는 '모든 것' 그 자체는 우리가 선을 이루는 데 도움이 되지 못할 수도 있다. 오히려 이것들은 우리를 어렵게 만들지도 모른다. 그러나 하나님께서 개입하셔서 모든 것들을 통하여 역사하신다. 그는 모든 환경이 우리에게 유익하도록 역사해 주신다.

그 두 가지 즉 모든 것이 강조되는 것과 하나님이 강조되는 것 둘 사이에는 커다란 차이점이 있다. 하나는 운명에 의존하는 것이고, 다른 하나는 하나님께 의존하는 것이다. 우발적인 사건들이라는 의미로부터 우리에게 사랑과 계획을 가지고 계신 인격이신 하나님이란 의미로 바뀌어지는 큰 차이점이다. 하나님께서 모든 것을 우리의 유익을 위해서 선하게 이루어 주신다는 것이 모든 치유의 과정 가운데서 가장 위대한 부분이 된다. 그가 상처로 가득 찬 심령들을 변화시켜 다른 사람들에게 도움을 줄 수 있는 유용한 사람들로 만들 수 있다는 것이야말로 모든 기적들 중에 가장 위대한 기적이 아닐 수 없다.

이 부분이 없다면 치유는 온전한 치유로서 간주될 수 없다. 온전한 치유란 단순히 기억 속에 남아 있는 아픈 상처를 닦아 주는 것이 아니다. 그것은 단순히 마음속에 품고 있던 해로운 원망을 용서하고 용서받는 것만도 아니다. 심지어는 우리의 생각을 재프로그래밍하는 것에서 그치는 것도 아니다. 치유란 하나님께서 '재생시키는 은혜'(Recycling grace)를 사용하시어 우리를 고치시는 기적적인 일이다. 하나님은 모든 것을 취하셔서 모든 것을 유익하게 만드신다. 그는 실제로 문제를 가지고 있는 우리를 재생시켜 온전하고 유용한 사람들로 변화시키신다.

그렇다고 해서 우리가 말하는 모든 해로운 것들을 하나님이 우리 생애 가운데 의도적으로 허락하신다는 뜻은 아니다. 하나님은 모든 일을 다스리는 분이시지 모든 일들을 만들어 내는 분이 아니다. 이것은 당신에게 일어나는 모든 일들을 당신이 하나님의 손에 온전히 의탁하고 맡길 때 모든 것을 그가 당신을 위하여 유익하게 사용하실 수 있다는 의미이다.

하나님께서는 이 세상에 존재하는 악의 실제적 본질을 변화시키지 않으신다. 인간적으로 말해서 악을 변화시킬 수 있는 것은 아무것도 없다. 악은 여전히 악하고 비참하고 어처구니없으며, 아울러 불의하고 어리석은 것이다.

그러나 하나님께서는 그 악 자체도 당신의 전생애를 놓고 보았을 때 거기에 의미를 부여하실 수 있다. 하나님께서는 그것을 통해서 당신을 빚고 당신의 생애에 의미를 부여할 수 있다. 그렇기 때문에 이 모든 것들이 하나님의 구속의 역사 가운데 들어가 있으며 하나님이 우리를 재생시키는 행위 중의 하나로 볼 수 있다.

하나님은 위대한 연금술사이시다. 그래서 만일 당신이 그에게 의탁하기만 하면 하나님께서는 그 모든 것을 영적인 금으로 바꾸실 수 있다. 하나님은 대단한 직공이시다. 그는 모든 손상된 부분과 모든 상처와 모든 파손된 약한 부분들을 하나님이 원래 의도하셨던 대로 고치실 수 있는 분이다. 그렇다! 그 실들이 악과 무지와 어리석은 손들에 의 하여 헝크러졌어도 그렇게 하실 수 있다.

만일 당신이 깊은 기도와 내적 치유의 과정에 있어서 성령님과 협력만 한다면, 하나님께서는 당신을 재생시킬 뿐만 아니라, 고쳐주실 것이다. 하나님께서는 새로운 형태로 짜실 뿐만 아니라 그것을 다른 사람들을 섬기는 데 사용할 수 있는 수단으로 재생시킬 것이다. 그렇게 되면 당신은 그것을 바라보고 이렇게 말할 수 있을 것이다. "이는 주님께서 하시는 일이기에 우리 눈에 진기하나이다."

베티의 예

베티(Betty)와 그녀의 남편이 나에게 상담을 받으려고 찾아왔다. 내가 알기로 그 부부는 주님께 깊이 헌신된 그리스도인들로서 주님의 일을 하기 위해 준비하는 중이었다. 그들 부부는 흔들리지 않는 확실한 관계 가운데 결혼 생활을 해 왔다. 그러나 최근에 그들은 서로의 관계에 있어서 어떤 어려움을 겪게 되었고, 베티는 우울증이 더 심화되는 것을 경험하게 되었다. 우리가 처음 함께 만났을 때 베티의 눈에서는 눈물이 마구 쏟아졌는데 베티 자신도 그 사실에 대해 놀라지 않을 수 없었다. 그녀는 자신이 눈물 흘리는 문제를 수년 전에 해결했다고 생각했는데 지금에 와서 스스로 당황할 정도로 눈물이 절제할 수 없이 다시 쏟아지는 것을 경험하게 된 것이었다.

베티가 두 번째로 나를 찾아왔을 때 그녀는 자신에 관한 이야기를 내게 들려주었다. 그녀의 어머니가 결혼 전에 임신해 베티를 가지게 되었던 이유로 인하여 베티의 부모들은 급히 서둘러서 억지로 결혼을 해야만 했었다. 그것은 원하지 않았던 결혼이었으며 베티도 원하지 않는 아이였다.

베티가 세 살이었을 때 그녀의 어머니가 다시 임신을 하게 되었다. 그러나 그 무렵 그녀의 아버지는 또 다른 여자와 관계를 맺어 그 여자도 임신을 했다. 이 문제로 인한 심각한 갈등 때문에 결국 그들의 결혼은 이혼으로 끝나고 말았다.

이 모든 것들이 베티의 기억 가운데 믿어지지 않을 정도로 명확하게 남아 있었다. 그녀는 아버지가 문을 박차고 집을 떠난 마지막 날을 생생하게 기억하고 있었다. 그녀는 그 사건이 있었을 때 자기의 조그마한 아기 침대 안에서 부모님이 무섭게 다투던 소리와 아버지가 집을 나가던 무서운 순간을 기억하고 있었다. 그 경험은 그녀의 마음속 깊은 곳에 암이 생긴 부위로부터 오는 통증과 같은 아픔을 남겨 놓았다.

우리가 그녀의 기억 속에 남아 있는 상처를 치료하기 위해 함께 기도하는 가운데 주님께서는 우리를 과거의 아기 침대 장면으로 되돌아가게 해 주셨다.

예수께서 그렇게 하실 수 있는 이유는 그에게 있어서 모든 시간은 현재로 존재하기 때문이다. 그는 "아브라함이 있기 전에 내가 있었다"(요 8:56)라고 말하셨다. 우리 속에 남아 있는 기억들은 시간의 주인이신 그분 앞에 낱낱이 펼쳐질 수 있다.

그녀가 치유를 경험하던 그 시간에 베티는 그 마음속에 수년 동안 묻혀 있었던 아픈 상처로 인해 쥐어뜯는 듯한 비명을 질렀다. 나는 그녀에게 이렇게 말했다. "베티, 당신이 그때 그 아기 침대에서 아버지에게 무슨 말을 할 수 있었다면 뭐라고 말했을 것 같아요?"

그런 다음 갑자기 성령께서는 그녀로 하여금 완전히 폐허와 같이 되었던 그 순간에 느꼈던 감정을 다시 기억나게 해 주셨다. 그리고 그녀는 젊은 여인의 목소리가 아닌 세 살배기 어린아이가 되어 울부짖었다. "아빠, 제발 저를 버리지 마세요!"

그 순간에 경험했던 모든 두려움과 아픔이 "너무 깊어서 쉽게 표현하기 어려운 듯한 소리로" 밖으로 터져 나왔다.

이후에 우리가 함께 기도할 때 내 마음속에 떠올랐던 것은 예수님이 십자가에서 버림받을 때 부르짖던 외침이었다("나의 하나님, 나의 하나님, 왜 나를 버리셨나이까?"). 이것을 어린아이에 맞는 말로 바꾸어 해석하면 베티가 한 말이 꼭 그 말과 똑같다. "아빠, 제발 저를 버리지 마세요!"

그리고 갑자기 내가 깨달은 사실은 예수님께서 십자가에서 버림을 받으셨기 때문에 오늘날 우리가 사는 시대에 살고 있는 수백만

명에 달하는 버림받은 어린아이들이 부르짖는 그 외침들을 그가 이해하신다는 것이다. "아빠(혹은 엄마), 제발 저를 버리지 마세요!" 그럼에도 불구하고 많은 부모들은 그렇게 부르짖는 아이들을 버린 채 떠나고 만다. 그러나 한 번 상처를 경험한 적이 있는 치료자 예수님은 그러한 울부짖음을 이해하실 수 있다. 그 아이들이 당하는 슬픈 감정을 깊이 이해하는 분이다.

이것을 계기로 베티는 그녀의 생애 가운데 깊은 치유를 경험하기 시작했다. 그러나 나는 그녀가 로마서 8장 28절에 약속된 마지막 온전함의 단계까지 경험하기를 바랐다. 그리하여 우리는 그녀가 인생의 의미를 어떻게 이해하고 있는지에 대한 이야기를 나누었다. 그녀의 생명 그 자체가 처음 시작될 때 하나님은 어디에 계셨는가? 그녀는 원하지 않았던 임신을 통해서 탄생된 자신의 출생 사건에 대해 갈등하고 있지 않은가? 그녀는 그것에 대한 자신의 갈등을 해결하지 못했노라고 대답했다.

나는 그녀에게 아주 이상한 숙제를 주어야겠다는 생각이 강하게 들었다. 나의 수년 간 상담 경험 중 불과 몇 번밖에는 사용하지 않던 방법이었다. 나는 이렇게 말했다.

"베티, 내가 당신에게 숙제를 좀 내려고 하는데 시간을 내어 그것을 가지고 묵상도 하고 기도도 해 보았으면 좋겠어요. 나는 당신이 잉태되었던 바로 그 순간을 지금 돌이켜 상상해 보기를 원합니다. 아버지로부터 나온 하나의 생명을 가진 세포가 어머니의 살아 있는 세포 속에 파고 들어갔을 때 당신의 존재가 가능하게 되었던 그 특별한 순간을 상상해 보도록 하세요. 그 순간 당신은 인간의 역사 가운데 들어온 것이지요. 그것에 관해 묵상하면서 자신에게 이런 질문해 보세요. '그때 하나님은 어디에 계셨는가?'"

베티는 그 숙제를 신중하게 받았다. 일주일 후에 다시 만났을 때 그녀는 자신에게 일어났던 일을 나에게 이야기했다.

"목사님, 첫 2-3일 동안 저는 이 숙제 모두를 아주 쉽게 생각했습니다. 오직 한 가지 성경 구절만이 내 머릿속에 계속 머물러 남아있을 뿐이었어요. '내 모친이 죄 중에 나를 잉태하였나이다'였지요. 그런데 3일째 되던 날, 목사님이 준 숙제를 억지로 묵상하고 있었는데 눈물이 나기 시작했어요. 그 눈물은 보통 때 울던 것과는 좀 다른 것이었어요. 기도가 내 마음속 깊은 곳으로부터 샘처럼 솟아나지 않겠어요? 그래서 나는 그 기도를 써 내려갔지요."

그녀는 자기가 쓴 기도문을 나에게 주었다. 그녀의 허락을 받고 그것을 여러분과 함께 나눌 수 있게 되었다.

오, 하나님, 나의 사랑하는 아버지, 제 마음은 당신께서 저를 결코 버리시지 않았다는 생각으로 인하여 기쁨으로 가득 넘치고 있습니다. 당신은 그 순간까지도 아버지의 사랑으로 저를 내려다보고 계셨습니다. 제가 어머니 배 속에 있을 때에도 저를 기억하시고, 제가 어떤 사람이 될 것인가를 당신의 거룩한 지혜로 계획하실 뿐만 아니라 저를 당신의 형상대로 빚으셨습니다.

제 마음속에 쌓여진 아픔이 있다는 것을 아시고 제게 그 아픔을 극복할 수 있는 능력을 주시고 마침내는 정하신 때에 저를 온전히 고쳐 주시리라 믿습니다.

저의 어머니가 저를 낳았을 때도 당신은 부드럽게 저를 내려다 보셨고 제 육신의 아버지가 계시지 않은 그곳에도 당신은 대신 서 계셨습니다. 아버지에게 버림받은 어린아이로서 비통한 눈물을 흘리며 울고 있었을 때에도 거기 계셨습니다. 당신은 저를 당신의 큰 팔 아래 계속 붙들고 계셨으며 당신의 사랑으로 저를 부드럽게 흔들며 달래 주셨습니다.

오, 하나님, 왜 제가 당신이 함께하신 것을 알지 못했을까요? 어린아이였을 때에도 당신의 사랑을 전혀 알지 못했고, 그 사랑의 깊이와 넓이를 이해할 수가 없었습니다.

하나님, 나의 사랑하는 아버지, 제 마음은 얼음장과 같이 되었는데 당신의 사랑의 빛이 그 얼음장을 서서히 녹이기 시작하셨습니다. 지금도 저는 그 온기를 다시 느낄 수 있습니다. 당신은 제 마음속에 치유의 기적을 베푸시기 시작하셨습니다. 저는 당신을 의뢰하며 당신을 찬양합니다. 당신의 선하심과 자비하심이 항상 저와 함께하십니다. 당신의 사랑이 결코 저를 떠나지 않습니다. 지금 저의 영혼의 눈은 활짝 열렸습니다. 나는 당신이 진정 어떤 분이신지 이제 알게 되었고 당신은 저의 진실한 아버지이시라는 사실을 알게 되었습니다. 저는 당신의 사랑을 알고 이제 저는 누구든지 용서할 마음이 생겼습니다. 원하옵기는 저에게 완전한 치유를 경험할 수 있게 도와주시옵소서.'

베티는 치유의 마지막 단계를 밟게 되었다. 하나님께서 그녀가 맡긴 모든 상처들을 받으셔서 그의 사랑의 힘으로 그녀를 고치고 재생시키셨다. 그런 다음 하나님께서는 베티가 치료를 경험한 상담자로서 사용되도록 만드셨다.

어느 주일날 아침 나는 보통 때와 다른 방법으로 설교를 했다. 베티의 허락을 받고 위에 소개한 그녀의 이야기를 설교 가운데 집어넣었다. 나는 자세한 내용들을 위장하여 그녀가 누구인지 다른 사람들이 알아차리지 못하도록 했다. 그 이유는 베티가 그곳 회중 가운데 앉아 있었기 때문이다.

예배가 끝날 무렵에 나는 초대의 시간을 가졌다. 정서적인 문제의 치유를 위해 기도받기 원하는 사람들은 강단 앞으로 나오라고 했다. 많은 수의 사람들이 그 초대에 응했다. 베티는 어떤 친구 옆에 앉아 있었는데 그 친구는 초대 시간에 눈물을 펑펑 쏟기 시작했다. 그러나 그녀는 앞으로 나가지 않았다. 베티는 그녀에게 바짝 다가가서 팔을 그 친구의 어깨에 올려놓으면서 자기와 함께 나가서 기도하지 않겠냐고 물었다. 그녀는 매우 주저하는 태도였고 깊은 상처가 있는 자신의 문제를 베티가 진정 이해하지 못할 것이라는 표정이 그녀의 얼굴에 역력히 나타나 있었다.

그 순간 베티의 마음속에는 갈등이 있었다. 그녀는 하나님이 자기에게 하라고 부탁하시는 것처럼 느꼈던 것이 무엇인지를 알았다. 그리고 그것이 자기에게 쉽지 않은 것이라는 생각을 했다. 그러나 몇 분이 지난 후 그녀는 자신이 해야 할 일이 무엇인지 알았다. 그래서 베티는 친구 옆에 기대어 그녀의 귀에 대고 이렇게 속삭였다. "놀라지 마세요. 제가 바로 오늘 설교 중 이야기의 주인공인 베티입니다!"

그녀의 친구는 믿을 수 없다는 듯이 베티를 보았다. 베티는 다시 말을 이었다. "그래요. 내가 베티예요, 내가 당신을 이해하고 도울 수 있을 것 같아요."

그들은 함께 앞으로 나와서 오랜 시간 동안 이야기를 나누고 기도하면서 시간을 보냈다. 그것이 계기가 되어 베티 친구의 삶에도 치유를 경험하는 일이 시작되었다. 베티가 그 사실을 나에게 전해 주었을 때 그녀의 얼굴은 치료를 경험한 상담자의 광채가 빛나고 있었다. 하나님은 진정 베티의 상처들을 고치실뿐만 아니라 다른 사람에게 도움을 주는 상담자로서 베티를 재생시키셨던 것이다!

우리와 함께하는 또 다른 것

너무나 많은 경우에 사람들은 우리가 어떤 힘이 있어야만 사역할 수 있다고 생각한다. 우리가 승리의 생활을 하고 우리의 강점을 가지고 사람들에게 감명을 줄 수 있을 때에만 하나님께 가장 큰 영광을 돌릴 수 있을 것이라고 생각한다.

그러나 사도 바울은 오직 두 가지 사실 때문에만 우리가 하나님께 영광을 돌릴 수 있다고 선언했다. 첫째는 그리스도의 십자가이다(갈 6:14). 아마도 그 십자가는 모든 인류 역사상 가장 연약함이 크게 나타났던 장소였을 것이다. 그러나 이 세상의 불의가 모두 집합된 그 십자가를 통해 하나님께서 온 세상을 위한 구원 계획을 이루셨다.

둘째로, 사도 바울은 우리가 하나님께 영광 돌릴 수 있는 것이 우리의 연약함 혹은 약함이라고 했다(고후 12:9-10). 그 이유는 무엇인가? 그것은 하나님의 능력이 약한 데서 온전해지기 때문이다. 우리가 치유를 경험한 상담자들로 부르심을 받을 때 우리가 능력이 있기 때문에 나아가는 것이 아니라 오히려 우리의 약함을 가지고 나아가는 것이다.

많은 경우에 상담실을 찾아오는 사람들은 그들의 깊은 문제들이나 어려움들을 꺼내 놓기가 일쑤이다. 상담자들은 항상 그들에게 감명을 주고자 하는 유혹을 받는다. 상담자 자신이 사람들에게 지혜롭게 보이려고 하며 능력 있게 상담해 나가며 훌륭한 조언을 해 주려는 유혹에 빠지게 된다.

그러나 그때 성령께서 이렇게 속삭인다. "데이빗, 이 사람에게 네 자신을 나누어 주어라. 이 사람은 단순히 '내담자'라는 형식적인 타이틀을 가진 사람이 아니고 그의 문제는 상담자가 다루어야 할 '케이스'(나는 이 용어를 매우 싫어한다)도 아니다. 그는 상처를 입은 한 인격적인 사람이다. 그에게 너의 연약함과 너의 손상된 정서들과 너의 갈등들을 감추지 말아라. 성령께서 연약한 너를 어떻게 도우셨는지를 그와 함께 나누라."

나는 종종 그러한 내적인 음성을 거부하고 성령님께 항의할 때가 있다. "그러나 주님, 그들이 나를 목사로 보고 찾아오는데 그럴 수 없습니다. 그들은 나를 존경하고, 나를 대할 때 능력 있고 지혜가 많은 사람으로 생각합니다. 내가 그들의 문제에 대한 모든 해답을 가지고 있는 것으로 봅니다."

결국 나는 성령님의 부드러운 음성에 굴복하고 그분의 지시를 따르곤 한다. 내가 그렇게 할 때마다 나는 고린도후서 12장 9-10절에 있는 말씀들이 실현되는 것을 체험하곤 한다. 하나님께서 그분의 능력으로 역사하실 수 있도록 그 기회를 하나님께 드릴 때 그 능력이 나의 약함을 치유를 경험한 상담자들을 통해서 온전케 되는 것을 경험한다.

하나님께서 상처와 아픔과 연약함으로 손상되었던 나를 재생시키시고 그러한 나의 경험들을 사용하셔서 다른 사람들을 도와주고 하나님께 영광을 돌리게 하심으로 나는 그동안 거듭거듭 반복해 이 깊은 치유의 사역에 일익을 담당하게 되었다.

나는 내 삶을 통해서 스스로 경험해 온 것들이 많은 다른 사람의 삶 가운데서도 이루어지고 있음을 목격하게 되었다. 나는 당신의 삶 가운데에도 이러한 일이 이루어질 수 있다는 것을 믿어 의심치 않는다!

역자 후기

지난해 가을이었다. 우연히 읽게 된 한 권의 책을 통해서 정서적인 상처들과 감정적인 문제들과 내적 갈등들이 해소되고 치유되는 것을 체험했다는 말을 이태웅 목사님으로부터 전해 들었다. 그는 이 책을 통해 "이와 같이 성령도 우리의 연약함을 도우시나니"라는 로마서 8장 26절의 말씀을 하나님께서 새로운 측면에서 자신에게 깨닫게 해 주셨다고 말했다. 그리고는 나에게 그 책을 넘겨 주며 우리 주위의 많은 그리스도인에게 필요한 메시지가 담겨져 있는 이 책을 번역해 출판했으면 좋겠다는 제안을 했다.

나는 한 장 한 장을 번역해 나가면서 인간의 심리적인 부분과 영적인 부분을 나누지 않고 통합시켜 문제의 근원과 그에 대한 해답을 성경적인 토대 위에 제시한 저자의 깊은 통찰력에 큰 감명을 받았다. 나의 문제를 검토해 볼 수 있는 좋은 기회가 되었던 동시에 보이지 않는 내적 갈등을 경험하며 문제의 해답이 무엇인지 정확히 파악하지 못한 채 고민하는 주위의 여러 사람을 떠올릴 수 있었다.

특히 나는 성장 과정에 있는 두 자녀의 부모 된 자로서 그들에게 무엇을 어떻게 해 주어야 하는지를 다시 한 번 깊이 생각할 수 있게 되었다. 부모는 자녀를 하나의 성숙한 인격자로서 성장케 하는 데 지대한 영향력을 줄 수 있는 반면, 악영향도 줄 수 있다는 점을 생각하며 그들을 올바로 이해하고 키워야 할 큰 책임감을 느꼈다.

아마 이 책을 읽게 될 모든 사람들도 이와 같은 사실들을 공감하게 될 것이다. 나는 이 책을 읽는 모든 사람이 정서적 절름발이의 상태로부터 온전한 심령을 소유한 상태로 변화되는 경험을 할 수 있게 되기를 바란다. 또한 자녀들에게 정서적인 상처를 주지 않고 그들을 건전하고 창조적인 인격자들로 키우기 원하는 모든 부모에게 이 책의 내용이 큰 도전이 될 뿐만 아니라 이것을 통해 도움을 받는 좋은 기회가 되기를 소망한다.

가정을 돌보며 틈틈이 시간을 모아서 번역할 때, 뒤에서 밀어 주고, 원고를 점검해 준 남편과, 격려와 기도로 후원해 준 서정애 집사님께 감사드린다. 아울러 이 책의 출판을 쾌히 승낙해 주신 고 하용조 목사님과 두란노서원 출판부 직원들께 감사의 뜻을 표한다.

송헌복

주

1. Belgum David Rudolph, *Guilt: where religion and psychology meet*(죄책감: 심리학과 종교의 접합점, Generic, 1963) , p. 54.

2. Phillip Yancey, *Where Is God When It Hurts*(Zondervan, pp. 118-119), 《내가 고통당할 때 하나님 어디 계십니까》(생명의말씀사 역간)

3. Paragon Associates, *Hymms for the Family of God*(Paragon Associates, 1976) p. 217.

4. Maurice E. Wagner, *The Sensation of Being Somebody*(Zondervan, 1991), pp. 32-37.

5. Arthur C. Zepp, *Conscience Alone Not a Safe Guide*(Chicago: The Christian Witness Company, 1913), p. 103

6. Joseph R. Cooke, *Free for the Taking*(Fleming Revell, 1975).

7. P.T. Forsyth, *The Justification of God*(London, Independent Press, 2014).

8. Clarence W. Hall, *Sammuel Logan Brengle: Protrait of a Prophet*(Pomona Press, 2008)

9. Clarence W. Hall, *Sammuel Logan Brengle: Protrait of a Prophet*(Pomona Press, 2008), p. 214.

10. Clarence W. Hall, *Sammuel Logan Brengle: Protrait of a Prophet*(Pomona Press, 2008), p. 214